十

通品二十

KB217991

大方廣佛華嚴經

일러두기

1. 『대방광불화엄경 강설』원문原文의 저본底本은 근세에 교정이 가장 잘 되었다고 정평이 나 있는 대만臺灣의 불타교육기금회佛陀敎育基金會에서 출판한 『화엄경소초華嚴經疏鈔』본입니다.

2. 『대방광불화엄경 강설』은 실차난타實叉難陀가 695년부터 699년까지 4년에 걸쳐 번역해 낸 80권본卷本 『대방광불화엄경』을 우리말로 옮기고 강설을 붙인 것입니다.

3. 『대방광불화엄경』은 애초 산스크리트에서 한역漢譯된 경전이지만 현재 산스크리트 본은 소실된 상태입니다. 산스크리트를 음차한 경우 굳이 원래 소리를 표기하려고 하기보다는 『표준국어대사전』이나 『불교사전』 등에 등재된 한자음을 사용하는 것을 원칙으로 하였습니다.

4. 경문의 한글 번역은 동국역경원본을 참고하여 그대로 또는 첨삭을 하며 의미대로 번역하고 다듬었습니다.

5. 각 품마다 내용에 따라 단락을 나누고 제목을 달았습니다. 단락의 제목은 주로 청량淸凉스님의 견해에 기초하였고 이통현李通玄장자의 견해를 참고로 하였습니다.

6. 『대방광불화엄경 강설』의 발행 순서는 한역 경전의 편재 순서를 기준으로 하였고 각 권은 단행본 한 권씩으로 출간될 예정이며 모두 80권으로 완간됩니다. 다만 80권본에 빠져 있는 「보현행원품」은 80권본 완역 및 강설 후 시리즈에 포함돼 추가될 예정입니다.

7. 『대방광불화엄경 강설』 안에서 불교용어를 풀이한 것은 운허스님이 저술하고 동국역경원에서 편찬한 『불교사전』을 인용하였습니다.

8. 각주의 청량스님의 소疏는 대만에서 입력한 大方廣佛華嚴經 사이트의 것을 사용하였습니다.

9. 『대방광불화엄경 강설』 입법계품에 들어가는 문수지남도는 북송北宋시대 불국佛國 선사가 선재동자가 53명의 선지식을 친견하여 법을 구하는 장면을 하나하나 그림으로 그린 것입니다.

대방광불화엄경 강설
제 44 권

실차난타實叉難陀 한역
무비스님 강설

서문

보살에게는 다른 이의 마음을 잘 아는

지혜 신통이 있습니다.

보살에게는 모든 것을 걸림 없이 다 보는

천안의 지혜 신통이 있습니다.

보살에게는 과거의 일을 다 아는

지혜 신통이 있습니다.

보살에게는 미래의 일을 다 아는

지혜 신통이 있습니다.

보살에게는 모든 소리를 걸림 없이 다 듣는

지혜 신통이 있습니다.

보살에게는 일체 세계에 마음대로 다 가는

지혜 신통이 있습니다.

보살에게는 일체 말을 잘 분별하는

지혜 신통이 있습니다.

보살에게는 무수한 몸의 모습을 다 나타내는

지혜 신통이 있습니다.

보살에게는 일체 법을 다 아는

지혜 신통이 있습니다.

보살에게는 일체 법이 사라져 없어지는

삼매에 들어가는 지혜 신통이 있습니다.

【 십통품+通品 】

비유하면 세상의 어떤 사람이
보배창고가 있음을 듣고는
찾을 수 있다고 해서
마음에 큰 환희를 내도다.

이와 같이 큰 지혜 있는 보살이
참으로 부처님의 아들이라
모든 부처님 법의 깊고도 깊은
적멸한 이치를 듣고 또 듣도다.

대방광불화엄경 강설

이 깊고 깊은 법을 들었을 때

그 마음이 편안해지고

놀라지도 않고 무서워하지도 않으며

또한 두려워하지도 않도다.

큰 보살이 보리를 구할 때에

이 광대한 음성을 듣고

마음이 청정하여 능히 견디고 참아

이 법에 대하여 조금도 의심이 없도다.

【 십인품+忍品 】

2016년 6월 15일

신라 화엄종찰 금정산 범어사

如天 無比

대방광불화엄경 목차

대방광불화엄경 강설 제44권

二十八. 십통품+通品

二十九. 십인품 +忍品

대방광불화엄경 강설

제44권

二十八. 십통품

일반불교에서는 그냥 선정이니 삼매니 또는 정혜定慧, 지관止觀이라고 하지만 화엄경에서는 삼매를 열 가지 큰 삼매라고 하여 여래의 정각正覺과 일체 지혜와 큰 자비와 큰 신통이 모두 삼매로부터 일어난다고 하였다. 그러므로 열 가지 큰 삼매를 설하고 나서 삼매로부터 다시 열 가지 신통을 일으키는 십통품十通品을 설하게 된 것이다.

보통은 육신통六神通을 말하지만 화엄경에서는 그것에 더하여 열 가지 신통을 설한다.

1. 다른 이의 마음을 잘 아는 선지타심지신통善知他心智神通과

2. 모든 것을 다 보는 무애천안지신통無礙天眼智神通과

3. 과거의 일을 다 아는 지과거제겁숙주지신통知過去際劫宿住智神通과

4. 미래의 일을 다 아는 지진미래제겁지신통知盡未來際劫智神通과

5. 모든 소리를 다 들어서 아는 무애청정천이지신통無礙清淨天耳智神通과

6. 일체 세계에 마음대로 가는 주무체성무동작왕일체불
   찰지신통住無體性無動作往一切佛刹智神通과

7. 일체 말을 잘 분별하는 선분별일체언사지신통善分別一
   切言辭智神通과

8. 무수한 몸의 모습을 나타내는 무수색신지신통無數色身
   智神通과

9. 일체 법을 다 아는 일체법지신통一切法智神通과

10. 일체 법이 사라져 없어지는 삼매에 들어가는 입일체
    법멸진삼매지신통入一切法滅盡三昧智神通이다.

이와 같은 열 가지 신통이 삼매로부터 나오게 된 것을 설
하였다. 그러나 실은 큰 삼매와 큰 신통은 모두 차별 없는
참사람과 진여자성과 본래 갖춘 불성에 이미 내재되어 있는
것이 이와 같은 수행과 이와 같은 삼매를 통해서 발현된 것
이다.

1. 선지타심지신통善知他心智神通

1) 갖가지 중생들의 마음을 다 알다

이 시 　보현보살마하살　고제보살언
爾時에 **普賢菩薩摩訶薩**이 **告諸菩薩言**하사대

불자　보살마하살　유십종통　하자　위십
佛子야 **菩薩摩訶薩**이 **有十種通**하니 **何者**가 **爲十**고

　그때에 보현보살마하살이 여러 보살에게 말하였습니다. "불자여, 보살마하살에게 열 가지 신통이 있느니라. 무엇이 열인가."

　앞에서 열 가지 큰 삼매를 설하고 그 삼매로부터 다시 열 가지 신통이 나오게 됨을 설한다. 대개는 여섯 가지 신통을 설하지만 화엄경에서는 여섯 가지에 더하여 열 가지 신통을 설한다. 먼저 선지타심지신통善知他心智神通은 곧 다른 이의 마

음을 잘 아는 육신통六神通에서의 타심통이다. 흔히 신묘하여 측량하기 어려운 것을 신神이라 하고 자유자재하여 걸림이 없는 것을 통通이라 한다. 지혜의 작용이 자유자재해서 중생을 교화하는 데 어떤 경우에도 걸림이 없다.

불자 보살마하살 이 타심 지통 지일삼
佛子야 **菩薩摩訶薩**이 **以他心智通**으로 **知一三**

천 대 천 세 계 중 생 심 차 별 　　　소 위 선 심 　　불 선
千大千世界衆生心差別하나니 **所謂善心**과 **不善**

심 광심 협심 대심 소심 순생사심 배
心과 **廣心**과 **狹心**과 **大心**과 **小心**과 **順生死心**과 **背**

생 사 심
生死心과

"불자여, 보살마하살이 남의 마음을 아는 지혜 신통[善知他心智神通]으로 한 삼천대천세계에 있는 중생들의 마음이 차별함을 아느니라. 이른바 착한 마음과, 나쁜 마음과, 넓은 마음과, 좁은 마음과, 큰 마음과, 작은 마음과, 생사를 따르는 마음과, 생사를 등지는 마음과,

성문심 독각심 보살심 성문행심 독각
聲聞心과 **獨覺心**과 **菩薩心**과 **聲聞行心**과 **獨覺**

행심 보살행심 천심 용심 야차심 건달
行心과 **菩薩行心**과 **天心**과 **龍心**과 **夜叉心**과 **乾闥**

바심 아수라심 가루라심 긴나라심 마후
婆心과 **阿修羅心**과 **迦樓羅心**과 **緊那羅心**과 **摩睺**

라가심
羅伽心과

성문의 마음과, 독각의 마음과, 보살의 마음과, 성문
의 수행하는 마음과, 독각의 수행하는 마음과, 보살의
수행하는 마음과, 천신의 마음과, 용의 마음과, 야차의
마음과, 건달바의 마음과, 아수라의 마음과, 가루라의
마음과, 긴나라의 마음과, 마후라가의 마음과,

인심 비인심 지옥심 축생심 염마왕처
人心과 **非人心**과 **地獄心**과 **畜生心**과 **閻魔王處**

심 아귀심 제난처중생심 여시등무량차
心과 **餓鬼心**과 **諸難處衆生心**이라 **如是等無量差**

별 종 종 중 생 심   실 분 별 지
別種種眾生心을 **悉分別知**하니라

　사람의 마음과, 사람 아닌 이의 마음과, 지옥의 마음과, 축생의 마음과, 염마왕이 있는 데의 마음과, 아귀의 마음과, 온갖 팔난八亂 중생의 마음이니라. 이와 같이 한량없이 차별한 가지가지 중생들의 마음을 다 분별하여 아느니라."

　먼저 한 삼천대천세계에 있는 중생들의 마음이 차별함을 남김없이 다 안다. 착한 마음과, 나쁜 마음과, 넓은 마음과, 좁은 마음과, 큰 마음과, 작은 마음과, 생사를 따르는 마음과, 생사를 등지는 마음과, 내지 부처님의 마음을 제외하고 나머지 여섯 범부의 마음과 성문과 연각과 보살의 마음까지 다 잘 아는 것을 밝혔다.

2) 한량없는 세계 중생들의 마음을 다 알다

여일세계　여시백세계　천세계　백천세
如一世界하야 **如是百世界**와 **千世界**와 **百千世**

계　백천억나유타세계　내지불가설불가설불
界와 **百千億那由他世界**와 **乃至不可說不可說佛**

찰미진수세계중　소유중생심　실분별지
刹微塵數世界中에 **所有衆生心**을 **悉分別知**하나니

시명보살마하살　제일선지타심지신통
是名菩薩摩訶薩의 **第一善知他心智神通**이니라

"한 세계와 같이 이와 같은 백 세계와 천 세계와 백 천 세계와 백천억 나유타 세계와 내지 말할 수 없이 말할 수 없는 세계의 작은 먼지 수 세계 가운데 있는 중생들의 마음을 다 분별하여 아느니라. 이것이 보살마하살의 제1 남의 마음을 잘 아는 지혜의 신통[善知他心智神通]이니라."

한 삼천대천세계와 같이 이와 같은 백 삼천대천세계와 천 삼천대천세계와 백천 삼천대천세계와 백천억 나유타 삼천대천세계와 내지 말할 수 없이 말할 수 없는 세계의 작은

먼지 수 삼천대천세계 가운데 있는 중생들의 마음을 다 분별하여 아는 것이 곧 첫 번째 선지타심지신통善知他心智神通이다.

2. 무애천안지신통無礙天眼智神通

1) 갖가지 중생들의 모습을 다 보다

불 자   보 살 마 하 살   이 무 애 청 정 천 안 지 통
佛子야 **菩薩摩訶薩**이 **以無礙淸淨天眼智通**으로

견 무 량 불 가 설 불 가 설 불 찰 미 진 수 세 계 중 중 생
見無量不可說不可說佛刹微塵數世界中衆生의

사 차 생 피   선 취 악 취   복 상 죄 상   혹 호 혹 추
死此生彼하는 **善趣惡趣**와 **福相罪相**과 **或好或醜**와

혹 구 혹 정   여 시 품 류   무 량 중 생
或垢或淨한 **如是品類**의 **無量衆生**하나니라

"불자여, 보살마하살이 걸림이 없이 청정한 천안天眼
지혜의 신통으로 한량없고 말할 수 없이 말할 수 없는
세계의 미진수 세계에 있는 중생들이 여기서 죽어 저기
서 태어나는 일과, 좋은 길과 나쁜 길[善趣惡趣]과, 복 받

는 모양과 죄 받는 모양과, 아름답고 추하고, 더럽고 깨끗한 이와 같은 여러 종류의 한량없는 중생들을 다 보느니라."

두 번째는 무엇이든지 다 보는 천안통이다. 무수한 세계의 무수한 중생들이 죽고, 태어나고, 다시 좋은 곳에 가고, 나쁜 곳에 가고, 복을 받고 죄를 받는 모습 등을 하나도 빠짐없이 다 보는 지혜 신통이다.

2) 중생의 종류를 들다

소위 천중　　용중　　야차중　　건달바중　　아수
所謂天衆과 **龍衆**과 **夜叉衆**과 **乾闥婆衆**과 **阿修**

라중　　가루라중　　긴나라중　　마후라가중　　인
羅衆과 **迦樓羅衆**과 **緊那羅衆**과 **摩睺羅伽衆**과 **人**

중　　비인중　　미세신중생중　　광대신중생중
衆과 **非人衆**과 **微細身衆生衆**과 **廣大身衆生衆**과

소중　　대중
小衆과 **大衆**이라

"이른바 천신 무리와, 용의 무리와, 야차의 무리와, 건달바 무리와, 아수라 무리와, 가루라 무리와, 긴나라 무리와, 마후라가 무리와, 사람의 무리와, 사람 아닌 이의 무리와, 몸이 작은 중생의 무리와, 몸이 큰 중생의 무리와, 작은 무리와, 큰 무리이니라."

중생들의 모습을 다 본다는 그 중생의 종류를 들었다. 실로 세상에는 얼마나 많은 종류의 중생이 있는가. 아무리 중생이 많고 그들이 어떤 모습으로 어떤 일을 하더라도 보살의 삼매에서 나온 신통으로 다 본다는 것을 밝혔다.

如是種種衆生衆中을 以無礙眼으로 悉皆明見

隨所積集業하며 隨所受苦樂하며 隨心하며 隨分

別하며 隨見하며 隨言說하며 隨因하며 隨業하며 隨所

緣하며 隨所起하야 悉皆見之하야 無有錯謬하나니 是

명보살마하살　제이무애천안지신통
名菩薩摩訶薩의 第二無礙天眼智神通이니라

　"이와 같은 가지가지 중생의 무리를 걸림 없는 눈으로 모두 분명히 보되 쌓은 업을 따르고, 받는 괴로움과 즐거움을 따르고, 마음을 따르고, 분별을 따르고, 소견을 따르고, 말을 따르고, 원인을 따르고, 업을 따르고, 반연함을 따르고, 일어남을 따라서 모두 다 보아 잘못이 없느니라. 이것이 보살마하살의 제2 걸림 없는 천안 지혜의 신통[無礙天眼智神通]이니라."

　무수한 종류의 무수한 모습과 그 갖가지 중생의 업과 업으로 받는 과보와 마음과 분별과 소견과 말과 원인 등을 따라 벌어지는 현상들을 조금의 착오 없이 정확하게 다 본다. 이것이 보살의 두 번째 걸림 없는 천안 지혜의 신통이다.

3. 지과거제겁숙주지신통

知過去際劫宿住智神通

1) 지나간 세상 중생들의 일을 다 기억하다

불자야 보살마하살이 이숙주수념지통으로 능
佛子야 菩薩摩訶薩이 以宿住隨念智通으로 能

지자신과 급불가설불가설불찰미진수세계중
知自身과 及不可說不可說佛刹微塵數世界中

일체중생의 과거불가설불가설불찰미진수겁
一切衆生의 過去不可說不可說佛刹微塵數劫

숙주지사하나니라
宿住之事하나니라

"불자여, 보살마하살이 지나간 세상에 살던 일을 다 기억[隨念]하는 지혜 신통으로써 자신과 그리고 말할 수 없이 말할 수 없는 세계의 작은 먼지 수 세계에 있는 일체 중생의 말할 수 없이 말할 수 없는 세계의 작은 먼지 수 겁 전의 지나간 일을 능히 다 아느니라."

세 번째는 자신의 일과 무수한 중생의 무수한 과거의 일을 낱낱이 다 아는 지과거제겁숙주지신통知過去際劫宿住智神通이다.

소위모처생   여시명   여시성   여시종족
所謂某處生에 如是名과 如是姓과 如是種族과

여시음식   여시고락   종무시래   어제유중
如是飮食과 如是苦樂과 從無始來로 於諸有中에

이인이연   전전자장   차제상속   윤회부
以因以緣으로 展轉滋長하며 次第相續하야 輪廻不

절
絶하는

"이른바 어느 곳에 태어나서 이와 같은 이름과 이와 같은 성씨性氏와 이와 같은 종족과 이와 같은 음식과 이와 같은 괴로움과 즐거움을 받으며, 비롯함이 없는 옛적부터 여러 생사하는 가운데서 인因과 연緣으로 자라나고 차례차례 계속해서 윤회하여 끊어지지 않으면서 살

아 왔으며

종종 품 류　　　종 종 국 토　　　종 종 취 생　　　종 종 형
種種品類와　種種國土와　種種趣生과　種種形

상　　종 종 업 행　　　종 종 결 사　　　종 종 심 념　　　종 종 인
相과　種種業行과　種種結使와　種種心念과　種種因

연　　수 생 차 별　　　여 시 등 사　　　개 실 요 지
緣과　受生差別의　如是等事를　皆悉了知하니라

　　갖가지 종류와 갖가지 국토와 갖가지 길과 태어남과
갖가지 형상과 갖가지 업業과 행동과 갖가지 번뇌와 갖
가지 마음과 갖가지 인연으로 태어나던 차별한 것들의
이와 같은 일을 모두 분명하게 아느니라."

　　자신과 무수한 중생의 지나간 세상의 일을 남김없이 다
기억하는데 어느 곳에 태어나서 어떤 이름, 어떤 성씨性氏로
있었으며, 어떤 종족이었는지, 어떤 음식을 먹었으며, 어떤
일로 어떤 고통을 받았고, 어떤 일로 어떤 즐거움을 받았는
지를 빠짐없이 다 안다.

2) 지나간 세상 부처님의 일을 다 기억하다

우 억 과 거 이 소 불 찰 미 진 수 겁　이 소 불 찰 미
又憶過去爾所佛刹微塵數劫의 爾所佛刹微

진 수 세 계 중　유 이 소 불 찰 미 진 수 제 불
塵數世界中에 有爾所佛刹微塵數諸佛이어든

"또 과거의 그러한 세계의 작은 먼지 수 겁 전에 그
러한 세계의 작은 먼지 수 세계에 나셨던 그러한 세계
의 작은 먼지 수와 같이 많은 모든 부처님을 기억하며,

일 일 불　여 시 명 호　여 시 출 흥　여 시 중 회
一一佛의 如是名號와 如是出興과 如是衆會와

여 시 부 모　여 시 시 자　여 시 성 문　여 시 최 승 이
如是父母와 如是侍者와 如是聲聞과 如是最勝二

대 제 자　어 여 시 성 읍　여 시 출 가　부 어 여 시 보
大弟子와 於如是城邑에 如是出家와 復於如是菩

리 수 하　성 최 정 각　어 여 시 처　좌 여 시 좌
提樹下에 成最正覺과 於如是處에 坐如是座하야

연 설 여 시 약 간 경 전   여 시 이 익 이 소 중 생
演說如是若干經典하야 **如是利益爾所衆生**과

낱낱 부처님의 이와 같은 명호와 이와 같은 출현과
이와 같은 대중의 모임과 이와 같은 부모와 이와 같은
시자侍者와 이와 같은 성문과 이와 같은 가장 수승한 두
제자들이 이와 같은 성읍에서 이와 같이 출가하던 일과
또 이와 같이 보리수 아래에서 바른 깨달음을 이루고
이와 같은 곳에서 이와 같은 자리에 앉아서 이와 같이
많은 경전을 연설하여 이와 같이 그러한 곳의 중생을
이익하게 하던 일을 다 기억하느니라."

어 이 소 시   주 어 수 명   시 작 여 시 약 간 불 사
於爾所時에 **住於壽命**하야 **施作如是若干佛事**와

의 무 여 의 반 열 반 계   이 반 열 반   반 열 반 후 법
依無餘依般涅槃界하야 **而般涅槃**과 **般涅槃後法**

주 구 근   여 시 일 체   실 능 억 념
住久近하야 **如是一切**를 **悉能憶念**하나라

"그러한 세월에 사시면서 이와 같이 많은 불사를 하
시던 것과 남은 의지함이 없는[無餘依] 열반에 의지해서

열반에 듦과 열반에 든 뒤에 불법이 얼마 동안 머무른 이와 같은 모든 일을 다 기억하느니라."

지나간 세상 중생들의 일을 다 기억하고, 다음으로는 지나간 세상 부처님의 일을 다 기억하는 것을 밝혔다. 보살이 열 가지 큰 삼매의 힘으로 얻은 열 가지 신통이기 때문에 그 신통의 능력이 무한하여 중생들의 일과 부처님의 일까지 다 기억하여 안다.

우 억 념 불 가 설 불 가 설 불 찰 미 진 수 제 불 명 호
又憶念不可說不可說佛刹微塵數諸佛名號가

일 일 명 호　유 불 가 설 불 가 설 불 찰 미 진 수 불　종
一一名號에 **有不可說不可說佛刹微塵數佛**이 **從**

초 발 심　기 원 수 행　공 양 제 불　조 복 중 생
初發心으로 **起願修行**하야 **供養諸佛**과 **調伏衆生**과

중 회 설 법　수 명 다 소　신 통 변 화
衆會說法과 **壽命多少**와 **神通變化**와

"또 말할 수 없이 말할 수 없는 세계의 작은 먼지 수

부처님 이름을 기억하며, 낱낱 이름마다 말할 수 없이 말할 수 없는 세계의 작은 먼지 수 부처님이 계시어 처음 발심하여 원을 세우고 수행하며, 모든 부처님께 공양하고, 중생을 조복하며, 대중이 모인 데서 법을 설하던 일과, 얼마 동안 사시던 일과, 신통변화를 다 기억하느니라."

내지입어무여열반   반열반후법주구근
乃至入於無餘涅槃과 般涅槃後法住久近과

조립탑묘   종종장엄   영제중생   종식선
造立塔廟하야 種種莊嚴하야 令諸衆生으로 種植善

근   개실능지   시명보살마하살   제삼지
根하야 皆悉能知하나니 是名菩薩摩訶薩의 第三知

과거제겁숙주지신통
過去際劫宿住智神通이니라

"내지 남음이 없는 열반에 들며 열반하신 뒤에 법이 머무는 시간과 탑을 조성하고 갖가지로 장엄하여 모든 중생들로 하여금 착한 뿌리를 심게 하던 일을 모두 다 아나니, 이것이 보살마하살의 제3 지나간 일을 아는 지

혜의 신통[知過去際劫宿住智神通]이니라."

　　한 분이나 두 분이나 세 분 정도의 부처님 일을 아는 것이 아니라 말할 수 없이 말할 수 없는 세계의 작은 먼지 수같이 많은 과거 부처님의 일을 낱낱이 다 아는 지혜 신통이다.

4. 지진미래제겁지신통知盡未來際劫智神通

1) 미래 겁 중생들의 일을 다 알다

불자야　보살마하살이　이지진미래제겁지통으로
佛子야　菩薩摩訶薩이　以知盡未來際劫智通으로

지불가설불가설불찰미진수세계중소유겁에
知不可說不可說佛刹微塵數世界中所有劫에

일일겁중소유중생의　명종수생에　제유상속하는
一一劫中所有衆生의　命終受生에　諸有相續하는

업행과보의　약선과　약불선과　약출리와　약불출리와
業行果報의　若善과　若不善과　若出離와　若不出離와

"불자여, 보살마하살이 오는 세월이 끝날 때까지를
아는 지혜 신통으로 말할 수 없이 말할 수 없는 세계의
작은 먼지 수 세계에 있는 겁을 알며, 낱낱 겁마다 있는
중생들이 죽어서 다시 태어나고, 모든 존재[삼계 25유]가

계속하며, 짓는 업業과 받는 과보果報가 착하고 착하지
못하며, 생사윤회에서 벗어나고 벗어나지 못함을 다 아
느니라."

약 결 정　　약 불 결 정　　약 사 정　　약 정 정　　약 선
若決定과 **若不決定**과 **若邪定**과 **若正定**과 **若善**

근 여 사 구　　약 선 근 불 여 사 구　　약 구 족 선 근　　약
根與使俱와 **若善根不與使俱**와 **若具足善根**과 **若**

불 구 족 선 근　　약 섭 취 선 근　　약 불 섭 취 선 근　　약
不具足善根과 **若攝取善根**과 **若不攝取善根**과 **若**

적 집 선 근　　약 부 적 집 선 근　　약 적 집 죄 법　　약 부
積集善根과 **若不積集善根**과 **若積集罪法**과 **若不**

적 집 죄 법　　　여 시 일 체　　개 능 요 지
積集罪法하야 **如是一切**를 **皆能了知**하니라

"(업과 믿음이) 결정되고 결정되지 못함과, 잘못된 삼
매三昧와 바른 삼매와, 착한 뿌리가 번뇌와 함께 있고 착
한 뿌리가 번뇌와 함께 있지 않음과, 착한 뿌리를 구족
하고 착한 뿌리를 구족하지 못함과, 착한 뿌리를 거두
어 갖고 착한 뿌리를 거두어 갖지 못함과, 착한 뿌리를

모으고 착한 뿌리를 모으지 못함과, 죄를 모으는 법과 죄를 모으지 않는 법을, 이와 같은 모든 것을 다 아느니라."

네 번째는 오는 세월이 끝날 때까지를 다 아는 지혜 신통이다. 먼저 무수한 중생들의 말할 수 없이 말할 수 없는 세계의 작은 먼지 수 세계에 있는 겁을 알며, 낱낱 겁마다 있는 중생들이 죽어서 다시 태어나고 삶이 계속되고 업을 짓고 과보를 받는 등의 온갖 일을 남김없이 다 안다.

2) 미래 겁 부처님의 일을 다 알다

우 지 불 가 설 불 가 설 불 찰 미 진 수 세 계　　진 미
又知不可說不可說佛刹微塵數世界에 **盡未**

래 제　　유 불 가 설 불 가 설 불 찰 미 진 수 겁　　　일
來際토록 **有不可說不可說佛刹微塵數劫**이어든 一

일 겁　유 불 가 설 불 가 설 불 찰 미 진 수 제 불 명 호
一劫에 **有不可說不可說佛刹微塵數諸佛名號**하며

일일명호   유 불 가 설 불 가 설 불 찰 미 진 수 제 불
一一名號에 有不可說不可說佛刹微塵數諸佛

여래   일일여래   종 초 발 심   기 원 입 행
如來하사 一一如來가 從初發心으로 起願立行하야

　"또 말할 수 없이 말할 수 없는 세계의 작은 먼지 수
세계에 오는 세월이 끝나는 동안에 말할 수 없이 말할
수 없는 세계의 작은 먼지 수 겁이 있음을 알며, 낱낱
겁劫에 말할 수 없이 말할 수 없는 세계의 작은 먼지 수
부처님의 이름이 있고, 낱낱 이름마다 말할 수 없이 말
할 수 없는 세계의 작은 먼지 수의 부처님 여래가 있으
며, 낱낱 여래가 처음 발심發心하여 원을 세우고 행을 닦
음을 다 아느니라."

공 양 제 불   교 화 중 생   중 회 설 법   수 명 다 소
供養諸佛과 敎化衆生과 衆會說法과 壽命多少와

신 통 변 화   내 지 입 어 무 여 열 반   반 열 반 후 법
神通變化와 乃至入於無餘涅槃과 般涅槃後法

주 구 근   조 립 탑 묘   종 종 장 엄   영 제 중 생
住久近과 造立塔廟하고 種種莊嚴하야 令諸衆生으로

종식선근　　여시등사　실능요지　　시명보
種植善根하야 如是等事를 悉能了知하나니 是名菩

살마하살　제사지진미래제겁지신통
薩摩訶薩의 第四知盡未來際劫智神通이니라

"모든 부처님께 공양하고 중생을 교화하며, 대중이 모
인 데서 법을 설하던 일과, 수명이 길고 짧음과, 신통변화
와, 내지 남음이 없는 열반에 들며, 열반하신 뒤에 법이 얼
마 동안 머무는 것과, 탑을 조성하고 갖가지로 장엄하여
중생들로 하여금 착한 뿌리를 심게 하던 이와 같은 일들
을 모두 아나니, 이것이 보살마하살의 제4 오는 세월이 끝
날 때까지의 겁을 아는 지혜의 신통[知盡未來際劫智神通]이니라."

먼저 오는 세월이 끝날 때까지 무수한 세계에 있는 겁을
다 알며, 낱낱 겁마다에 있는 무수한 중생들의 일을 다 안
다. 또 무수한 세계의 작은 먼지 수 세계에 오는 세월이 끝
나는 동안에 무수한 수의 겁이 있음을 알며, 낱낱 겁에 계시
는 무수한 세계의 무수한 부처님의 모든 일을 다 안다. 이것
이 오는 세월이 끝날 때까지의 겁을 아는 지혜 신통이다. 다
른 경전에서 여섯 가지 신통을 설한 것과는 전혀 다르다.

5. 무애청정천이지신통 無礙淸淨天耳智神通

1) 시방의 모든 음성을 마음대로 다 듣다

佛子_야 菩薩摩訶薩_이 成就無礙淸淨天耳_{하야}

圓滿廣大_{하며} 聰徹離障_{하며} 了達無礙_{하며} 具足成

就_{하며} 於諸一切所有音聲_에 欲聞不聞_을 隨意自

在_{하나니라}

"불자여, 보살마하살이 걸림 없이 청정한 하늘 귀[天
耳]를 성취하여 원만하고 광대하며 밝게 사무쳐 듣고 막
힘을 여의며, 분명히 통달하여 걸림이 없으며, 구족하
게 성취하여 모든 음성을 듣기도 하고 듣지 않기도 하

는 데 마음대로 자유로우니라."

이른바 멀거나 가깝거나 모든 소리를 다 듣는다는 천이
통天耳通이다. 소리를 듣는 하늘의 귀 신통은 원만하고 광대
하다. 사무치게 들으므로 아무런 장애가 없다. 일체 소리를
듣고자 하면 듣고, 듣지 않고자 하면 듣지 않는다. 그것이
장애가 없음이다. 만약 모든 소리가 다 들리기만 한다면 어
떤 현상이 일어나겠는가.

불자　　동방　　유불가설불가설불찰미진수
佛子야 **東方**에 **有不可說不可說佛刹微塵數**

불　　　시제불　　소설소시　　소개소연　　소안립
佛이어든 **是諸佛**의 **所說所示**와 **所開所演**과 **所安立**과

소교화　　소조복　　소억념　　소분별　　심심광대
所教化와 **所調伏**과 **所憶念**과 **所分別**인 **甚深廣大**

종종차별　　무량방편　　무량선교　　청정지법
種種差別과 **無量方便**과 **無量善巧**의 **清淨之法**인

어피일체　　개능수지
於彼一切를 **皆能受持**하며

"불자여, 동방에 말할 수 없이 말할 수 없는 부처님 세계의 작은 먼지 수 부처님이 계시는데, 그 부처님들이 말씀하고 보여 주고, 열고 연설하고, 나란히 정돈하고, 교화하고 조복하고, 기억하고 분별하신 바, 매우 깊고 넓고 크고 가지가지 차별한 한량없는 방편과 한량없이 교묘하고 청정한 법들을 모두 받아 지니느니라."

들는 신통으로서 동방으로 무수한 부처님이 계시면서 법을 설하고 중생들을 교화하고 조복하는 청정한 법을 다 능히 받아 가진다. 이 사바세계에서는 음성이 교화의 본체[音聲敎體]가 되기 때문에 듣는 일은 무엇보다 중요하다.

우 어 기 중　약 의 약 문　약 일 인　약 중 회　여
又於其中에 若義若文과 若一人과 若衆會에 如

기 음 사　여 기 지 혜　여 소 요 달　여 소 시 현
其音辭하며 如其智慧하며 如所了達하며 如所示現

여 소 조 복　여 기 경 계　여 기 소 의　여 기
하며 如所調伏하며 如其境界하며 如其所依하며 如其

출도　　어피일체　　실능기지　　불망불실
出道하야 **於彼一切**를 **悉能記持**하야 **不忘不失**하며

부단불퇴　　무미무혹　　위타연설　　영득오
不斷不退하며 **無迷無惑**하야 **爲他演說**하야 **令得悟**

해　　종불망실일문일구
解하야 **終不忘失一文一句**하며

"또 그 가운데서 뜻이나 글을 한 사람이거나 여러 모인 대중에게 그 음성과 같이 하며, 그 지혜와 같이 하며, 그 통달함과 같이 하며, 그 나타냄과 같이 하며, 그 조복함과 같이 하며, 그 경계와 같이 하며, 그 의지함과 같이 하며, 그 뛰어나는 길과 같이 하여, 그 모든 것을 그대로 다 기억하여 잊지 않으며, 끊지 않고 물러나지 않고, 미혹하지 않으며, 다른 이에게 연설하여 깨닫게 하여 마침내 한 글자 한 구절도 잊지 않게 하느니라."

들는 신통이 아무리 뛰어나더라도 부처님의 교법敎法을 들어서 기억하여 지니는 능력이 중요하다. 남들이 말하는 비밀한 소리를 다 알아들어서 무엇하겠는가. 글이나 뜻을 잘 들어 기억하고는 다른 이를 위해서 연설하여 깨닫게 하고 한

글자 한 구절도 잊어버리지 않게 하는 것이다.

여동방   남서북방   사유상하   역부여시
如東方하야 南西北方과 四維上下도 亦復如是

        시 명 보 살 마 하 살   제 오 무 애 청 정 천 이 지
하나니 是名菩薩摩訶薩의 第五無礙淸淨天耳智

신 통
神通이니라

"동방에서와 같이 남방 서방 북방과 네 간방間方과 상
방 하방에서도 역시 그러하나니, 이것이 보살마하살의
제5 걸림 없이 청정한 하늘 귀로 듣는 지혜의 신통[無礙
淸淨天耳智神通]이니라.

이와 같이 듣는 신통이 동방에서와 같이 남방 서방 북방
과 네 간방과 상방 하방에서도 역시 그러함을 밝혔다. 이
것이 다섯 번째 걸림 없이 청정한 하늘 귀로 듣는 지혜 신통
이다.

6. 주무체성무동작왕일체불찰지신통

住無體性無動作往一切佛刹智神通

1) 여러 가지 신통에 안주하다

불 자   보 살 마 하 살   주 무 체 성 신 통   무 작 신
佛子야 **菩薩摩訶薩**이 **住無體性神通**과 **無作神**

통   평 등 신 통   광 대 신 통   무 량 신 통   무 의 신
通과 **平等神通**과 **廣大神通**과 **無量神通**과 **無依神**

통   수 념 신 통   기 신 통   불 기 신 통   불 퇴 신 통
通과 **隨念神通**과 **起神通**과 **不起神通**과 **不退神通**과

부 단 신 통   불 괴 신 통   증 장 신 통   수 예 신 통
不斷神通과 **不壞神通**과 **增長神通**과 **隨詣神通**하야

차 보 살   문 극 원 일 체 세 계 중 제 불 명
此菩薩이 **聞極遠一切世界中諸佛名**하나니

"불자여, 보살마하살이 자체 성품이 없는 신통과, 지

음이 없는 신통과, 평등한 신통과, 광대한 신통과, 한량

없는 신통과, 의지함이 없는 신통과, 생각대로 되는 신통과, 일어나는 신통과, 일어나지 않는 신통과, 물러나지 않는 신통과, 끊기지 않는 신통과, 깨뜨리지 못하는 신통과, 늘어나는 신통과, 뜻대로 나아가는 신통에 머무르면 이 보살은 아무리 먼 일체 세계에 있는 모든 부처님의 이름도 듣느니라."

여섯 번째는 체성도 없고 동작도 없는 데 머물러 일체 부처님 세계에 가는 지혜 신통[住無體性無動作往一切佛刹智神通]이다. 간단하게 줄이면 무체성지통無體性智通이라고 한다. 실은 체성도 없고 동작도 없을 뿐만 아니라 평등하고 광대하고 한량없고 의지함이 없고 생각대로 되는 등등의 뜻을 함께 가진 신통이다. 이 신통에 머물러 지극히 멀리 있는 세계의 모든 부처님의 이름을 다 듣는다.

2015년 7월 24일 아침 텔레비전 뉴스에서 우리가 사는 지구와 꼭 같은 별을 발견하였다고 전했다. 항성과 행성의 관계도 지구와 꼭 같아서 쌍둥이라 할 만하다고 하였다. 그와 같이 생명들이 사는 별이 왜 없겠는가. 화엄경에 근거하면 무수히 많다. 다만 천체과학이 아직 초보 단계인 이 지구에서 알지 못할 뿐이다.

그리고 이날 아침 조선닷컴은 '또 하나의 지구? NASA, 지구와 닮은 행성 발견'이라는 제목으로 다음과 같은 기사를 실었다. "'또 하나의 지구'가 발견된 것일까. 미 항공우주국(NASA)은 23일 '행성 사냥꾼'으로 불리는 케플러우주망원경이 발견한 태양계 외부 행성 후보군을 추가로 발견했다고 밝혔다. NASA는 기자회견을 통해 '케플러망원경이 이미 발견한 행성 후보군 4175개에 500여 행성 후보군을 추가했으며, 지구와 비슷한 행성을 발견했다.'고 발표했다. 이 행성들은 생명이 존재할 가능성이 있는 영역에서 선회하고 있다고 한다. 생명 존재 가능 영역은 행성 표면에 물이 존재할 수 있는 범위를 말한다. NASA는 '케플러 452b'가 이 같은 후보군 가운데 행성으로 첫 확인됐으며 '지구와 가장 닮은 행성'이라고 밝혔다. 지구에서 1400광년(1.3경 킬로미터) 떨어진 케플러 452b는 태양과 매우 비슷한 특징의 모체 항성의 궤도를 돌고 있으며 나이는 약 60억 살이라고 한다."

지구에서 1400광년(1.3경 킬로미터)이나 떨어진 케플러 452b와의 통신이나 왕래는 언제쯤 이루어질는지…. 통신이나 왕

래가 이루어져야 화엄경의 화장장엄세계 이론이 더욱 빛을
발할 것이다.

소 위 무 수 세 계　　무 량 세 계　　내 지 불 가 설 불
所謂無數世界와 **無量世界**와 **乃至不可說不**

가 설 불 찰 미 진 수 세 계 중 제 불 명　　문 기 명 이
可說佛刹微塵數世界中諸佛名이라 **聞其名已**에

즉 자 견 신　　재 피 불 소
卽自見身이 **在彼佛所**하니라

　"이른바 수없는 세계와 한량없는 세계와 내지 말할
수 없이 말할 수 없는 세계의 작은 먼지 수 세계에 있
는 부처님의 이름들이며, 그 이름들을 듣고는 자기의
몸이 그 부처님 세계에 있음을 스스로 보게 되느니라."

　무수한 세계와 그 무수한 세계에 있는 부처님의 이름을
듣는데 그것을 "수없는 세계와 한량없는 세계와 내지 말할
수 없이 말할 수 없는 세계의 작은 먼지 수 세계에 있는 부처
님의 이름들"이라고 하였다. 또 "그 이름들을 듣고는 자기의

몸이 그 부처님 세계에 있음을 스스로 보게 된다."고 하였다. 이름을 듣는 즉시 생각하게 되고 생각하는 즉시 그곳에 있게 되는 이치이다. 그 모든 것은 일체가 마음으로 이루어지는 것임을 밝힌 것이다. 설사 보고 듣는다 하더라도 마음이 보고 듣는 데 없으면 그것은 보거나 듣는 것이 아니기 때문이다.

2) 갖가지 세계의 부처님 법을 모두 통달하다

피 제 세 계   혹 앙 혹 복   각 각 형 상   각 각 방 소
彼諸世界의 **或仰或覆**한 **各各形狀**과 **各各方所**와

각 각 차 별   무 변 무 애   종 종 국 토   종 종 시 겁
各各差別과 **無邊無礙**와 **種種國土**와 **種種時劫**과

무 량 공 덕   각 별 장 엄   피 피 여 래   어 중 출 현
無量功德과 **各別莊嚴**에 **彼彼如來**가 **於中出現**하사

시 현 신 변   칭 양 명 호   무 량 무 수   각 각 부 동
示現神變과 **稱揚名號**가 **無量無數**하야 **各各不同**

이어든

"저 모든 세계가 잦혀 있기도 하고 엎어져 있기도 하

여 각각의 형상과 각각의 방소와 각각의 차별한 것이
그지없고 걸림이 없으며, 갖가지 국토와 갖가지 시간에
한량없는 공덕으로 제각기 장엄하였는데, 여러 여래께
서 그 가운데 출현하시어 신통변화를 나타내 보이시고,
이름을 일컫는 것이 한량이 없고 수가 없어서 제각기
같지 아니하니라."

체성도 없고 동작도 없는 데 머물러 일체 부처님 세계에
가는 지혜 신통을 얻은 보살이 가지가지 세계마다 가지가지
겁과 무량공덕과 각각 다른 장엄에 그 여러 여래가 출현하
여 신통변화를 나타내 보임을 밝혔다.

차 보살   일 득 문 피 제 여 래 명   부 동 본 처
此菩薩이 一得聞彼諸如來名에 不動本處하고

이 견 기 신   재 피 불 소   예 배 존 중   승 사 공 양
而見其身이 在彼佛所하야 禮拜尊重하며 承事供養

        문 보 살 법   입 불 지 혜   실 능 요 달 제 불 국
하고 問菩薩法하며 入佛智慧하야 悉能了達諸佛國

토　도량중회　급소설법　　지어구경　　무소
土의 道場衆會와 及所說法하야 至於究竟하야 無所

취 착
取着하며

"이 보살이 저 모든 여래의 이름을 한번 듣고는 본
고장에서 일어나지 않고 그 몸이 저 부처님들의 세계에
있어서 예배하고 존중하고 섬기고 공양함을 보며, 보살
의 법을 묻고 부처님의 지혜에 들어가며, 그 모든 부처
님 국토와 도량에 모인 대중과 그리고 말씀하는 법을 모
두 능히 통달하여도 끝까지 이르러 집착함이 없느니라."

이러한 보살은 부처님의 이름을 한번 듣고는 자신이 앉
은 자리에서 움직이지 않고 그 부처님의 처소에 있으면서 예
배하고 존중하고 받들어 섬기고 공양하며 보살의 법을 묻기
도 한다. 마치 부처님께서 깨달음을 이루신 보리수나무 밑
을 떠나지 않은 채 수미산에도 올라가고 야마천에도 올라
가고 도솔천에도 올라가는 이치와 꼭 같다. 이것이 곧 체성
도 없고 동작도 없는 데 머물러 일체 부처님 세계에 가는 지
혜 신통이다.

여시경불가설불가설불찰미진수겁　　보지
如是經不可說不可說佛刹微塵數劫토록　普至

시방　　이무소왕　　연　　예찰관불　　청법청
十方호대 而無所往이라 然이나 詣刹觀佛하야 聽法請

도　　무유단절　　무유폐사　　무유휴식　　무
道를 無有斷絶하며 無有廢捨하며 無有休息하며 無

유피염　　수보살행　　성취대원　　실령구족
有疲厭하야 修菩薩行하야 成就大願호대 悉令具足

　　증무퇴전　　위령여래광대종성　　부단절
하야 曾無退轉은 爲令如來廣大種性으로 不斷絶

고　　시명보살마하살　　제육주무체성무동작왕
故니 是名菩薩摩訶薩의 第六住無體性無動作往

일체불찰지신통
一切佛刹智神通이니라

"이와 같이 말할 수 없이 말할 수 없는 세계의 작은 먼지 수 겁을 지나도록 시방을 두루 다녀도 가는 바가 없느니라. 그러나 세계에 나아가서 부처님을 뵈옵고 법을 듣고 도道를 청함이 끊이지 않고 폐하지도 않고 쉬지도 않고 고달프지도 않으며, 보살의 행을 닦고 큰 서원을 성취하는 일이 모두 구족하여 물러나지 않나니 여래의 광대한 종성을 끊어지지 않게 하는 까닭이니라. 이 것이 보살마하살의 제6 자체 성품이 없고 동작이 없는 데 머물러 모든 부처님 세계에 이르는 지혜의 신통[住無 體性無動作往一切佛刹智神通]이니라."

이 신통을 얻은 보살이 말할 수 없이 말할 수 없는 세계 의 작은 먼지 수 겁을 지나도록 시방을 두루 다녀도 가는 바 가 없는 것은 자체 성품이 없고 동작이 없는 데 머물러 모든 부처님 세계에 이르는 지혜 신통이 있기 때문이다.

7. 선분별일체언사지신통
善分別一切言辭智神通

1) 갖가지 중생들의 말을 다 분별하다

불자 보살마하살 이선분별일체중생언
佛子야 菩薩摩訶薩이 以善分別一切衆生言

음지통 지불가설불가설불찰미진수세계중
音智通으로 知不可說不可說佛刹微塵數世界中

중생 종종언사
衆生의 種種言辭하나니

"불자여, 보살마하살이 일체 중생의 말을 잘 분별하는 지혜 신통으로써 말할 수 없이 말할 수 없는 세계의 작은 먼지 수 세계에 있는 중생들의 가지가지 말을 다 아느니라."

일체 중생의 말을 다 아는 신통이다. 국제사회로 접어든

21세기에 가장 필요로 하는 것이 세계의 모든 언어를 다 말할 줄 아는 신통이다. 세계의 말을 다 알지는 못하더라도 한국에서는 영어, 일본어, 중국어 정도는 알아야 한다는 것을 절실히 느낀다. 만약의 경우 영어 하나만이라도 능통해야 하는데 그것이 안 되면 저능아 노릇을 할 수밖에 없는 시대에 살고 있다. 젊을 때는 외국어의 필요성을 느끼지 못하다가 늙어서야 오히려 그 필요성을 절감하게 되었으니 이제 와서 어쩌란 말인가. 일체 중생의 말을 잘 분별하는 지혜 신통을 얻어야 할 일이다.

소 위 성 언 사　　비 성 언 사　　천 언 사　　용 언 사
所謂聖言辭와　**非聖言辭**와　**天言辭**와　**龍言辭**와

야 차 언 사　　건 달 바　　아 수 라　　가 루 라　　긴 나 라
夜叉言辭와　**乾闥婆**와　**阿修羅**와　**迦樓羅**와　**緊那羅**와

마 후 라 가　　인 급 비 인　　내 지 불 가 설 불 가 설 중
摩睺羅伽와　**人及非人**과　**乃至不可說不可說衆**

생　　소 유 언 사　　각 각 표 시　　종 종 차 별　　여 시
生의　**所有言辭**가　**各各表示**하야　**種種差別**인　**如是**

일 체　개 능 요 지
一切를 **皆能了知**하며

　"이른바 성인聖人의 말과 성인 아닌 이의 말과 천신의
말과 용龍의 말과 야차의 말과 건달바, 아수라, 가루라, 긴
나라, 마후라가와 사람과 사람 아닌 이와 내지 말할 수 없
이 말할 수 없는 중생들의 말로 제각기 표현하고 갖가지
차별한 이와 같은 것을 모두 다 아느니라."

　용龍의 말과 야차의 말과 건달바, 아수라, 가루라, 긴나
라, 마후라가 등의 말을 다 안다는 것은 저 멀리 있는 나라
오지의 방언과 사투리까지 다 안다는 뜻이리라. 설사 먼 나
라 오지의 방언과 사투리는 아니더라도 아주 빈번하게 사용
되는 두세 개의 말만 알아도 될 것이다.

차 보 살　수 소 입 세 계　　능 지 기 중 일 체 중 생
此菩薩이 **隨所入世界**하야 **能知其中一切衆生**의

소 유 성 욕　　여 기 성 욕　　위 출 언 사　　실 능 해
所有性欲하고 **如其性欲**하야 **爲出言辭**하야 **悉能解**

료　　　무유의혹
了하야 無有疑惑하나니

"이 보살이 들어가는 세계마다 그 안에 있는 일체 중
생의 성품과 욕망을 알며, 그 성품이나 욕망과 같이 내
는 말을 모두 잘 알아서 의심이 없느니라."

말만 잘 아는 것이 아니라 세계마다 그 안에 있는 일체
중생의 성품과 욕망을 알며, 그 성품이나 욕망과 같이 내는
말을 모두 잘 알아서 의심이 없는 경지이다.

　　여일광출현　　보조중색　　　영유목자　　실득
如日光出現에 普照衆色하야 令有目者로 悉得

명견　　　　보살마하살　　역부여시　　　이선분
明見인달하야 菩薩摩訶薩도 亦復如是하야 以善分

별일체언사지　　심입일체언사운　　소유언사
別一切言辭智로 深入一切言辭雲하야 所有言辭를

영제세간총혜지자　　실득해료　　　시명보살
令諸世間聰慧之者로 悉得解了하나니 是名菩薩

마 하 살   제 칠 선 분 별 일 체 언 사 지 신 통
摩訶薩의 第七善分別一切言辭智神通이니라

"마치 햇빛이 나서 여러 가지 사물을 널리 비추면 눈
이 있는 이는 다 보게 되듯이, 보살마하살도 또한 그와
같아서 모든 말을 잘 분별하는 지혜로 모든 말의 구름[言
辭雲]에 깊이 들어가 온갖 말을 모든 세간의 총명한 사람
들로 하여금 다 알게 하나니, 이것이 보살마하살의 제7
모든 말을 잘 분별하는 지혜의 신통[善分別一切言辭智神通]이
니라."

구름이 걷힌 맑은 하늘에 밝은 태양이 널리 비추면 눈이
있는 사람은 일체 사물을 다 잘 볼 수 있듯이 보살도 모든
말을 잘 분별하는 지혜로 일체 언어를 모든 세간의 총명한
사람들로 하여금 다 알게 한다. 즉 일체 언어를 스스로도 잘
알고 다른 사람들도 잘 알게 한다. 이것이 일곱 번째 모든
말을 잘 분별하는 지혜 신통이다.

8. 무수색신지신통無數色身智神通

1) 모든 차별한 색상을 멀리 떠나다

불자야 보살마하살이 이출생무량아승지색
佛子야 菩薩摩訶薩이 以出生無量阿僧祇色

신장엄지통으로 지일체법이 원리색상으로 무차
身莊嚴智通으로 知一切法이 遠離色相으로 無差

별상과 무종종상과 무무량상과 무분별상과 무청
別相과 無種種相과 無無量相과 無分別相과 無靑

황적백상이니라
黃赤白相이니라

"불자여, 보살마하살이 한량없는 아승지 색상의 몸
장엄을 내는 지혜의 신통으로 일체 법이 색상을 멀리
여의었으므로 차별한 모양이 없고, 갖가지 모양이 없
고, 한량없는 모양이 없고, 분별하는 모양이 없고, 푸르고 누르고 붉고 흰 모양이 없음을 아느니라."

여덟 번째 무수한 색신의 지혜 신통[無數色身智神通]은 모든
차별한 색상을 멀리 떠났다. 일체 법이 모든 색상을 멀리 떠
났으므로 차별한 모양이 없고, 갖가지 모양이 없고, 한량없
는 모양이 없고, 분별하는 모양이 없고, 푸르고 누르고 붉고
흰 모양이 없다. 일체 색상을 떠났는데 무엇이 있겠는가.

2) 몸을 나타내어 갖가지 색色을 짓다

보살   여시입어법계   능현기신   작종
菩薩이 如是入於法界하야 能現其身하야 作種

종 색   소위무변색   무량색   청정색   장엄
種色하나니 所謂無邊色과 無量色과 淸淨色과 莊嚴

색   보변색   무비색   보조색   증상색   무위
色과 普徧色과 無比色과 普照色과 增上色과 無違

역색   구제상색
逆色과 具諸相色과

"보살이 이와 같이 법계에 들어가서 능히 몸을 나타

내어 가지각색 색상을 짓나니, 이른바 그지없는 색상과, 한량없는 색상과, 청정한 색상과, 장엄한 색상과, 두루 한 색상과, 비길 데 없는 색상과, 두루 비추는 색상과, 더욱 느는 색상과, 어기지 않는 색상과, 여러 모양을 갖춘 색상이니라."

무수한 색신의 지혜 신통은 모든 차별한 색상을 멀리 떠났다. 모든 색상을 멀리 떠났으므로 자유자재하게 몸을 나타내어 갖가지 색상을 짓는다. 즉 진정한 유는 모든 것을 떠났고, 모든 것을 떠나서 없으므로 모든 것을 지어 내게 되는 것이다. 온갖 색상을 지어 내는 것을 낱낱이 열거하여 밝혔다.

이 중 악 색　대 위 력 색　가 존 중 색　무 궁 진
離衆惡色과　**大威力色**과　**可尊重色**과　**無窮盡**

색　중 잡 묘 색　극 단 엄 색　불 가 량 색　선 수 호
色과　**衆雜妙色**과　**極端嚴色**과　**不可量色**과　**善守護**

색   능 성 숙 색   수 화 자 색
色과 能成熟色과 隨化者色과

"모든 나쁜 것을 여읜 색상과, 큰 위력이 있는 색상
과, 존중한 색상과, 다함이 없는 색상과, 여럿이 섞인
묘한 색상과, 매우 단정한 색상과, 헤아릴 수 없는 색상
과, 잘 수호하는 색상과, 성숙하게 하는 색상과, 교화敎
化하는 이를 따르는 색상이니라."

무 장 애 색   심 명 철 색   무 구 탁 색   극 징 정 색
無障礙色과 甚明徹色과 無垢濁色과 極澄淨色

대 용 건 색   부 사 의 방 편 색   불 가 괴 색   이 하
과 大勇健色과 不思議方便色과 不可壞色과 離瑕

예 색   무 장 암 색   선 안 주 색
翳色과 無障闇色과 善安住色과

"장애가 없는 색상과, 매우 밝게 사무치는 색상과,
때가 없는 색상과, 지극히 깨끗한 색상과, 크게 용맹한
색상과, 부사의한 방편의 색상과, 깨뜨릴 수 없는 색상
과, 티가 없는 색상과, 막힘이 없는 색상과, 잘 머무르
는 색상이니라."

묘 장 엄 색　　제 상 단 엄 색　　종 종 수 호 색　　대
妙莊嚴色과 **諸相端嚴色**과 **種種隨好色**과 **大**

존 귀 색　　묘 경 계 색　　선 마 영 색　　청 정 심 심 색
尊貴色과 **妙境界色**과 **善磨瑩色**과 **清淨深心色**과

치 연 명 성 색　　최 승 광 대 색　　무 간 단 색
熾然明盛色과 **最勝廣大色**과 **無間斷色**과

"묘하게 장엄한 색상과, 모든 형상이 단정한 색상과, 가지가지로 잘생긴 색상과, 크게 존귀한 색상과, 묘한 경계의 색상과, 잘 갈아서 밝은 색상과, 청정하고 깊은 마음의 색상과, 찬란하게 밝은 색상과, 가장 수승하고 광대한 색상과, 끊어지지 않는 색상이니라."

무 소 의 색　　무 등 비 색　　충 만 불 가 설 불 찰 색
無所依色과 **無等比色**과 **充滿不可說佛剎色**과

증 장 색　　견 고 색　　섭 수 색　　최 승 공 덕 색　　수 제 심
增長色과 **堅固色**과 **攝受色**과 **最勝功德色**과 **隨諸心**

락 색　　청 정 해 료 색　　적 집 중 묘 색　　선 교 결 정 색
樂色과 **清淨解了色**과 **積集衆妙色**과 **善巧決定色**과

"의지한 데 없는 색상과, 비등할 이 없는 색상과, 말

할 수 없는 세계에 가득한 색상과, 늘어나는 색상과, 견고한 색상과, 거둬 주는 색상과, 가장 수승한 공덕의 색상과, 모든 마음에 좋아함을 따르는 색상과, 청정하게 아는 색상과, 여러 가지 묘한 것을 모은 색상과, 잘 결정한 색상이니라."

무 유 장 애 색　　　허 공 명 정 색　　　청 정 가 락 색
無有障礙色과　**虛空明淨色**과　**清淨可樂色**과

이 제 진 구 색　　　불 가 칭 량 색　　묘 견 색　　보 견 색
離諸塵垢色과　**不可稱量色**과　**妙見色**과　**普見色**과

수 시 시 현 색　　적 정 색　　이 탐 색
隨時示現色과　**寂靜色**과　**離貪色**과

"막힘이 없는 색상과, 허공처럼 깨끗한 색상과, 청정하여 사랑스러운 색상과, 모든 먼지를 여읜 색상과, 헤아릴 수 없는 색상과, 묘하게 보는 색상과, 두루 보는 색상과, 때를 따라 나타내 보이는 색상과, 고요한 색상과, 탐욕을 여읜 색상이니라."

진실복전색   능작안은색   이제포외색
眞實福田色과 能作安隱色과 離諸怖畏色과

이우치행색   지혜용맹색   신상무애색   유행
離愚癡行色과 智慧勇猛色과 身相無礙色과 遊行

보변색   심무소의색   대자소기색   대비소현
普徧色과 心無所依色과 大慈所起色과 大悲所現

색
色과

"진실한 복밭의 색상과, 편안하게 하는 색상과, 모든
두려움을 여의는 색상과, 어리석은 행을 여의는 색상
과, 지혜가 용맹한 색상과, 형상이 걸림 없는 색상과,
널리 다니는 색상과, 마음이 의지한 데 없는 색상과, 크
게 인자함으로 일으킨 색상과, 크게 가엾이 여김으로
나타낸 색상이니라."

평등출리색   구족복덕색   수심억념색
平等出離色과 具足福德色과 隨心憶念色과

무변묘보색   보장광명색   중생신락색   일체
無邊妙寶色과 寶藏光明色과 衆生信樂色과 一切

지 현 전 색　　환 희 안 색　　중 보 장 엄 제 일 색　　무 유
智現前色과 **歡喜眼色**과 **衆寶莊嚴第一色**과 **無有**

처 소 색
處所色과

"평등하게 벗어나는 색상과, 복덕을 구족한 색상과, 마음대로 생각하는 색상과, 그지없이 묘한 보배 색상과, 보배창고의 광명한 색상과, 중생이 믿고 좋아하는 색상과, 일체 지혜가 앞에 나타나는 색상과, 기쁜 눈의 색상과, 뭇 보배로 장엄함이 제일가는 색상과, 처소가 없는 색상이니라."

자 재 시 현 색　　종 종 신 통 색　　생 여 래 가 색
自在示現色과 **種種神通色**과 **生如來家色**과

과 제 비 유 색　　주 변 법 계 색　　중 개 왕 예 색　　종 종
過諸譬喩色과 **周徧法界色**과 **衆皆往詣色**과 **種種**

색　　성 취 색　　출 리 색　　수 소 화 자 위 의 색
色과 **成就色**과 **出離色**과 **隨所化者威儀色**과

"자유롭게 나타내 보이는 색상과, 갖가지 신통한 색상과, 여래의 가문에 태어나는 색상과, 모든 비유를 초

월한 색상과, 법계에 두루 한 색상과, 여럿이 나아가는 색상과, 갖가지 색상과, 성취하는 색상과, 벗어나는 색상과, 교화할 이를 따르는 위의威儀의 색상이니라."

見無厭足色과 種種明淨色과 能放無數光網
色과 不可說光明種種差別色과 不可思香光明
超過三界色과 不可量日輪光明照耀色과 示現
無比月身色과

"보기에 싫지 않은 색상과, 갖가지 밝고 깨끗한 색상과, 무수한 광명을 놓은 색상과, 말할 수 없는 광명의 갖가지 차별한 색상과, 생각할 수 없는 향기가 삼계三界를 초월하는 색상과, 헤아릴 수 없는 태양 광명이 비추는 색상과, 비길 데 없는 달의 몸을 나타내는 색상이니라."

무량 가 애 락 화 운 색　　출 생 종 종 연 화 만 운 장
無量可愛樂華雲色과 **出生種種蓮華鬘雲莊**

엄 색　　초 과 일 체 세 간 향 염 보 훈 색　　출 생 일 체
嚴色과 **超過一切世間香焰普熏色**과 **出生一切**

여 래 장 색　　불 가 설 음 성　　개 시 연 창 일 체 법 색
如來藏色과 **不可說音聲**으로 **開示演暢一切法色**

구 족 일 체 보 현 행 색
과 **具足一切普賢行色**이니라

"한량없고 사랑스러운 꽃구름 색상과, 갖가지 연꽃 타래 구름을 내어 장엄하는 색상과, 모든 세간을 초월 하는 향기가 널리 풍기는 색상과, 온갖 여래장如來藏을 내는 색상과, 말할 수 없는 음성으로 모든 법을 열어 보 이고 연설하는 색상과, 일체 보현행普賢行을 구족하는 색 상이니라."

일체 색상을 떠났으므로 능히 일체 색상을 나타내게 됨 을 낱낱이 밝혔다. 중도정견中道正見에 이르면 무無와 유有가 둘이 아니므로 색상을 떠난 데서 색상을 나타낸다. 모든 세간 을 초월하는 향기가 널리 풍기는 색상과, 온갖 여래장을 내

는 색상과, 말할 수 없는 음성으로 모든 법을 열어 보이고 연설하는 색상과, 일체 보현행을 구족한 색상까지 열거하였다.

3) 색상 없는 법계에 깊이 들어가다

佛子야 菩薩摩訶薩이 深入如是無色法界하야
能現此等種種色身은 令所化者見하며 令所化者
念하며 爲所化者하야 轉法輪하며 隨所化者時하며 隨
所化者相하며

"불자여, 보살마하살이 이와 같은 색상이 없는 법계
法界에 깊이 들어가 이러한 여러 가지 몸을 나타내어서
교화받을 이를 보게 하고, 교화받을 이로 하여금 생각
하게 하고, 교화받을 이를 위하여 법륜을 굴리고, 교화
받을 이의 때를 따르며, 교화받을 이의 형상을 따르느
니라."

법의 세계, 즉 진리의 세계, 참나의 세계, 참사람의 세계는 일체 색상을 초월하였으며 또 일체 색상을 마음껏 나타내 보이기도 한다. 색상이 있음과 색상이 없음에 자유롭다. 어떤 면에도 장애가 없이 자유롭다. 흔히 중도中道를 설명하면서 쌍차쌍조雙遮雙照라고 하여 상대적인 양면을 부정도 하고 긍정도 하는 것이다. 실로 모든 존재는 이 긍정과 부정의 면을 함께 가지고 있다. 궁극적 불법인 중도의 원리로 교화를 받을 이에게는 이와 같이 색상이 없는 법의 세계에 들어가 가지가지 색상을 나타내 보이는 것이다.

영 소 화 자　　친 근　　영 소 화 자　　개 오　　위 소
令所化者로 親近하며 令所化者로 開悟하며 爲所

화 자　　기 종 종 신 통　　위 소 화 자　　현 종 종 자
化者하야 起種種神通하며 爲所化者하야 現種種自

재　　위 소 화 자　　시 종 종 능 사　　시 명 보 살 마
在하며 爲所化者하야 施種種能事니 是名菩薩摩

하 살　　위 도 일 체 중 생 고　　근 수 성 취　　제 팔 무
訶薩의 爲度一切衆生故로 勤修成就하는 第八無

수 색 신 지 신 통
數色身智神通이니라

"교화받을 이로 하여금 친근케 하며, 교화받을 이를
깨닫게 하며, 교화받을 이를 위하여 갖가지 신통을 일
으키고, 교화받을 이를 위하여 갖가지 자유로움을 나타
내고, 교화받을 이를 위하여 갖가지 잘하는 일을 베푸
나니, 이것이 보살마하살이 일체 중생을 제도하려고 부
지런히 닦아 성취하는 제8 무수한 육신肉身의 지혜 신
통이니라."

보살은 또 이와 같이 색상이 없는 법의 세계에 깊이 들어
가 이러한 여러 가지 몸을 나타내 보인다. 중생을 교화하는
데는 아무리 훌륭한 법이라 하더라도 어느 한 면에 치우치
는 것은 옳지 않다. 법의 세계, 진리의 세계, 참사람의 세계,
참나의 세계, 진여자성의 세계에 들어가는 것이 교화라면 그
법의 세계와 같아야 하기 때문이다. 그래서 색상이 없는 법
계에 깊이 들어가 가지가지 신통과 가지가지 자재와 가지가
지 일을 나타내 보이는 것이다. 이것이 여덟 번째 무수한 육
신肉身의 지혜 신통이다.

9. 일체법지신통 一切法智神通

1) 양변兩邊을 떠나다

불자 보살마하살 이일체법지통 지일
佛子야 菩薩摩訶薩이 以一切法智通으로 知一
체법 무유명자 무유종성 무래무거
切法의 無有名字와 無有種性과 無來無去와

"불자여, 보살마하살이 일체 법을 아는 지혜의 신통
으로, 일체 법이 이름이 없고 성품이 없고, 오는 것도
없고 가는 것도 없음을 아느니라."

일체 법을 아는 지혜의 신통[一切法智神通]은 일체 법은 양변
兩邊을 떠나 중도中道의 원리대로 존재한다는 것을 밝혔다. 일
체 법이 중도의 원리로 존재한다면 모든 사람이 중도의 원리
대로 사는 것이 가장 이상적인 삶이며 가장 불교적인 삶이라

고 할 수 있다.

중도라면, 세존이 정각을 이루고 바라나시 녹야원에 와서 다섯 명의 같이 수행하던 사람들에게 처음으로 설하신 내용이 곧 '중도선언中道宣言'이었다고 한다. 즉 일체 존재는 이것이 아니면서 곧 이것이므로 사람의 삶도 향락에 젖어 살아도 바른 삶이 아니고 고행에 젖어 살아도 바른 삶이 아니므로 어떤 것에도 치우치지 않는 중도적 삶을 사는 것이 곧 바른 삶이라고 하신 내용이다.

그러므로 불교의 많은 가르침 중에서 가장 수준이 높고 깨달음의 궁극적 말씀이라고 하는 이 화엄경에서도 보현의 보살행원 다음으로 존재의 원리를 설파하는 내용으로는 매우 방대한 양을 차지한다. 이 단락에서는 중도를 철저히 설파하였다.

비 이 비 불 이　　비 종 종 비 부 종 종　　비 이 비 불
非異非不異와　非種種非不種種과　非二非不

이　　무 아 무 비　　불 생 불 멸　　부 동 불 괴　　무 실 무
二와　無我無比와　不生不滅과　不動不壞와　無實無

허   일 상 무 상   비 무 비 유   비 법 비 비 법
虛와 **一相無相**과 **非無非有**와 **非法非非法**과

"다른 것도 아니고 다르지 않은 것도 아니며, 가지가
지도 아니고 가지가지 아닌 것도 아니며, 둘도 아니고
둘 아닌 것도 아니며, 나[我]도 없고 견줄 것도 없으며,
나지도 않고 없어지지도 않으며, 흔들리지도 않고 무너
지지도 않으며, 진실도 없고 허망도 없으며, 한 모양이
고 모양 없음이며, 없는 것도 아니고 있는 것도 아니며,
법도 아니고 법 아님도 아님을 아느니라."

중도中道를 말할 때 흔히 중론中論의 팔불중도八不中道를 설
한다. 또 스스로를 중도광中道狂이라고 말하는 성철스님은
쌍차쌍조雙遮雙照와 차조동시遮照同時를 입에 달고 살았다.
먼저 중론의 팔불중도란 개별 존재의 생겨남과 사라짐에
대한 부정으로서 불생불멸不生不滅과, 존재의 영원함과 단절
됨에 대한 부정으로서 불상부단不常不斷과, 존재의 같음과
다름에 대한 부정으로서 불일불이不一不異와, 존재의 개별 원
인과 개별 결과에 대한 부정으로서 불래불거不來不去를 설하
였다.

또 중도광인 성철스님은 쌍차쌍조雙遮雙照란 예컨대 서로
상반되는 두 가지를 함께 부정[雙遮]하고 다시 그 둘을 함께
긍정[雙照]하여 궁극에는 긍정과 부정이 같이 하면서 서로 원
융하게 조화를 이루는 것[遮照同時]이라고 하였다. 화엄경에서
는 이와 같은 일체 명제에 대해서 먼저 부정하고 동시에 긍
정하여 원융무애하게 모든 것에 생명을 불어넣었다.

불 수 어 속 비 불 수 속　　비 업 비 비 업　　비 보 비
不隨於俗非不隨俗과　**非業非非業**과　**非報非**

비 보　　비 유 위 비 무 위　　비 제 일 의 비 부 제 일 의
非報와　**非有爲非無爲**와　**非第一義非不第一義**와

비 도 비 비 도　　비 출 리 비 불 출 리　　비 량 비 무 량
非道非非道와　**非出離非不出離**와　**非量非無量**과

"세속을 따름도 아니고 세속을 따르지 않음도 아니
며, 업도 아니고 업 아닌 것도 아니며, 갚음도 아니고
갚음 아님도 아니며, 함이 있는 것도 아니고 함이 없는
것도 아니며, 첫째 뜻[第一義]도 아니고 첫째 뜻 아님도
아니며, 길도 아니고 길 아님도 아니며, 벗어남도 아니

고 벗어나지 않음도 아니며, 한량 있는 것도 아니고 한
량없는 것도 아님을 아느니라."

비 세 간 비 출 세 간   비 종 인 생 비 부 종 인 생
非世間非出世間과 **非從因生非不從因生**과

비 결 정 비 불 결 정   비 성 취 비 불 성 취   비 출 비
非決定非不決定과 **非成就非不成就**와 **非出非**

불 출   비 분 별 비 불 분 별   비 여 리 비 불 여 리
不出과 **非分別非不分別**과 **非如理非不如理**하나라

"세간도 아니고 출세간도 아니며, 인因으로 난 것도
아니고 인으로 나지 않은 것도 아니며, 결정도 아니고
결정 아님도 아니며, 성취함도 아니고 성취하지 않음도
아니며, 나옴도 아니고 나오지 않음도 아니며, 분별도
아니고 분별 아님도 아니며, 이치와 같음도 아니고 이
치와 같지 않음도 아닌 줄을 아느니라."

그러나 영명연수(永明延壽, 904~975)선사는 『만선동귀집萬善
同歸集』에서 아래와 같이 구체적인 불법 이해와 수행에 나아
가서 실천하는 것을 통해 중도를 밝혔다.

치우치거나 집착하지 말고 모든 수행[萬善]을 중도에 입각해서 하라[萬善同歸中道頌].

1 보리심은 내는 것 없이 내며[菩提無發而發]

2 불도는 구함이 없이 구하라. [佛道無求而求]

3 아름다운 행동은 행함이 없이 행하는 것. [妙用無行而行]

4 참다운 지혜는 짓지 않고 짓는 것. [眞智無作而作]

5 연민심을 일으키되 나와 한 몸임을 깨닫고[興悲悟其同體]

6 자비를 행하되 인연이 없는 곳까지 이르라. [行慈深入無緣]

7 주는 바 없이 보시를 행하고[無所捨而行檀]

8 지키는 바 없이 계를 지키라. [無所持而具戒]

9 정진을 닦되 한 생각도 일어나지 않음을 알고[修進了無所起]

10 인욕을 닦되 손상됨이 없음을 알라. [習忍達無所傷]

11 반야는 경계가 생멸이 없음을 아는 것. [般若悟境無生]

12 선정은 마음이 머물지 않음을 아는 것. [禪定知心無住]

13 몸이 없음을 보되 모양을 잘 갖추고[鑒無身而具相]

14 말할 것이 없는 이치를 알고 설법한다. [證無說而談詮]

15 물에 비친 달그림자와 같은 도량을 건립하고[建立水月道場]

16 본성이 공적한 세상을 잘 장엄하라. [莊嚴性空世界]

17 환영과 같은 공양구를 많이 장만하여[羅列幻化供具]

18 그림자와 같은 여래에게 공양 올리라. [供養影響如來]

19 참회는 죄가 본래 없는 줄을 알고 하며[懺悔罪性本空]

20 법신은 항상하지만 오래 머물기를 권청하라. [勸請法身常住]

21 회향은 얻을 것이 없는 줄을 알고 하며[廻向了無所得]

22 누구나 복은 진여와 같지만 따라서 기뻐하라. [隨喜福等眞如]

23 남을 찬탄하나 너도 나도 텅 비어 없는 것. [讚歎彼我虛玄]

24 부처님과 같기를 발원하지만 실은 평등하다. [發願能所平等]

25 그림자와 같은 법회에 예배하고 동참하며[禮拜影現法會]

26 도량을 거닐되 발은 늘 허공을 밟으라. [行道足躡虛空]

27 향을 사르되 생멸이 없는 이치를 잘 알고[焚香妙達無生]

28 경전을 읽되 존재의 실상을 깊이 통달하라. [誦經深通實相]

29 꽃을 뿌리는 것은 집착이 없는 이치를 나타내는 것.
[散華顯諸無着]

30 손가락을 퉁기는 것은 번뇌를 버리는 것을 표현한 것.
[彈指以表去塵]

31 메아리와 같은 육바라밀을 행하고[施爲谷響度門]

32 허공 꽃과 같은 만 가지 덕목을 닦으라. [修習空華萬行]

33 인연으로 생기는 성품 바다에 깊이 들어가[深入緣生性海]

34 환상과 같은 법문에서 항상 노닐라. [常遊如幻法門]

35 본래 물들지 않는 번뇌를 맹세코 끊고[誓斷無染塵勞]

36 유심정토에 태어나기를 발원하라. [願生惟心淨土]

37 실제적인 이치의 땅을 밟고[履踐實際理地]

38 얻을 것이 없는 관법의 문에 출입하라. [出入無得觀門]

39 거울에 비친 그림자의 마군을 항복받으며[降伏鏡像魔軍]

40 꿈속의 불사를 크게 지으라. [大作夢中佛事]

41 환상과 같은 중생들을 널리 제도하여[廣度如化含識]

42 적멸한 보리를 다 함께 증득하라. [同證寂滅菩提]

2) 법을 설하여 이익을 얻다

차 보 살　　불 취 세 속 제　　부 주 제 일 의　　　불
此菩薩이 **不取世俗諦**하고 **不住第一義**하며 **不**

분 별 제 법　　불 건 립 문 자　　수 순 적 멸 성
分別諸法하고 **不建立文字**하야 **隨順寂滅性**하며

"이 보살이 세속의 이치를 취하지도 아니하고 제일

가는 뜻[第一義]에 머물지도 아니하며, 모든 법을 분별하지도 아니하고 글자를 세우지도 않아서 적멸한 성품을 따르느니라."

세속의 이치에서 '세속'은 곧 세간 일반이란 뜻이며 '제'는 진리 또는 사실이란 것이니 세간 일반의 도리나 사물로 세속적 지혜의 대경對境이 되는 것이다. 제일가는 뜻[第一義]이란 가장 수승한 도리이며 궁극적인 진리를 뜻한다. 보살은 그 어디에도 머물지 않고 모든 법을 분별하지 아니하며 문자를 세우지도 않는다. 달마대사가 불립문자不立文字를 주창한 것도 화엄경이 근거가 된다. 세속의 이치나 궁극의 진리나 모든 법이나 문자로 표현하는 것은 모두가 차별 현상에 불과하다. 그러므로 그것들을 따르지 아니하고 적멸한 성품, 즉 참나와 참사람과 진여자성을 따른다.

불 사 일 체 원　　　견 의 지 법　　　홍 포 법 운　　　강
不捨一切願하고 **見義知法**하며 **興布法雲**하고 **降**

霍法雨하며

"일체 서원을 버리지 아니하며, 이치를 보고 법을 알며, 법의 구름을 펴서 법의 비를 내리느니라."

법을 연설하는 것을 밝힌 내용이다. 법을 설하여 중생을 교화하려면 원력이 있어야 한다. 그러므로 보살이 일체 서원을 버리지 아니하며, 이치를 보고 법을 알며, 법의 구름을 펴서 법의 비를 내린다.

수 지 실 상   불 가 언 설   이 이 방 편 무 진 변 재
雖知實相이 **不可言說**이나 **而以方便無盡辯才**로

수 법 수 의   차 제 개 연   이 어 제 법   언 사 변
隨法隨義하야 **次第開演**하야 **以於諸法**에 **言辭辯**

설   개 득 선 교
說이 **皆得善巧**하고

"비록 실다운 모습을 말할 수 없음을 알지마는 방편과 다함없는 변재로 법을 따르고 뜻을 따라 차례로 연

설하면서도 모든 법에 대하여 말과 변재가 모두 교묘하
니라."

대자대비　　실이청정　　　능어일체이문자법
大慈大悲가 悉已淸淨하야 能於一切離文字法

중　출생문자　　　여법여의　　수순무위　　　위설
中에 出生文字하야 與法與義로 隨順無違하야 爲說

제법　　실종연기
諸法이 悉從緣起하며

"대자대비가 다 이미 청정하여 일체 문자를 여읜 법
가운데서 문자를 내어 법과 뜻에 따라서 어기지 아니하
고 모든 법이 인연으로부터 일어남을 말하느니라."

적멸한 본체 자리와 활발한 작용이 서로 걸림이 없음을
밝혔다. 적멸한 본체가 활발한 작용에 걸리지 않고 활발한
작용이 적멸한 본체에 걸리지 않으면서 법을 설하여 중생을
교화한다. 실다운 모습을 말할 수 없음을 아는 것은 적멸한
자리이고, 방편과 다함없는 변재로 법을 따르고 뜻을 따라

차례로 연설하는 것은 활발한 작용이다. 이 또한 중도의 이치에 부합하는 교화다.

雖有言說_{이나} 而無所着_{하며} 演一切法_에 辯才無
盡_{하야} 分別安立_{하고} 開發示導_{하야} 令諸法性_{으로} 具
足明顯_{하며} 斷衆疑網_{하야} 悉得淸淨_{하며} 雖攝衆生
_{이나} 不捨眞實_{하며}

"비록 말을 하지마는 집착하지 아니하며, 일체 법을 연설하여도 변재가 다하지 않으며, 분별하고 나란히 정돈하여 열어 보이고 인도하며, 법의 성품이 구족하게 나타나서 여러 가지 의심을 끊어서 모두 청정함을 얻으며, 비록 중생을 거두어 주나 진실을 버리지 않느니라."

또 작용이 본체에 걸리지 아니함을 밝혔다. 예컨대 바람이 불어 물결이 크게 일어나서 배를 뒤집더라도 물의 근본 자

체에는 아무런 변화도 없고 장애도 없다. 설사 기온이 낮아
져서 얼음이 되더라도 본체의 성질은 그대로 물인 것과 같
다. 법을 설하여 중생을 포섭하여 교화하지만 참마음 참사
람은 아무런 변화가 없다.

어불이법　　이무퇴전　　상능연설무애법문
於不二法에 **而無退轉**이나 **常能演說無礙法門**

　　이중묘음　　수중생심　　보우법우　　이
하야 **以衆妙音**으로 **隨衆生心**하야 **普雨法雨**하야 **而**

불실시　　시명보살마하살　　제구일체법지
不失時하나니 **是名菩薩摩訶薩**의 **第九一切法智**

신통
神通이니라

"둘이 아닌 법에서 물러나지 아니하나 걸림이 없는
법문을 항상 연설하며, 여러 가지 묘한 음성으로 중생
의 마음을 따라 널리 법의 비를 내리되 때를 잃지 아니
하나니, 이것이 보살마하살의 제9 일체 법을 아는 지혜
의 신통이니라."

적정한 참마음의 본체와 그 마음이 육근을 통해서 활발하게 보고 듣고 향기를 맡으면서 작용하는 것이 둘이 아니고 하나임을 밝혔다. 예컨대 물결이 아무리 크게 일어나더라도 물결과 물의 본체는 둘이 아니다. 설사 얼음이 되더라도 물과 얼음의 본 성질은 다른 것이 아니다. "둘이 아닌 법에서 물러나지 아니하나 걸림이 없는 법문을 항상 연설하며, 여러 가지 묘한 음성으로 중생의 마음을 따라 널리 법의 비를 내리되 때를 잃지 않는 것"이 곧 그것이다. 이것이 아홉 번째 일체 법을 아는 지혜 신통이다.

10. 입일체법멸진삼매지신통
入一切法滅盡三昧智神通

1) 걸림이 없는 작용을 밝히다

불자 보살마하살 이일체법멸진삼매지
佛子야 菩薩摩訶薩이 以一切法滅盡三昧智

통 어염념중 입일체법멸진삼매 역불퇴
通으로 於念念中에 入一切法滅盡三昧호대 亦不退

보살도 불사보살사 불사대자대비심
菩薩道하며 不捨菩薩事하며 不捨大慈大悲心하고

수습바라밀 미상휴식 관찰일체불국토
修習波羅蜜하야 未嘗休息하며 觀察一切佛國土하야

무유염권
無有厭倦하며

"불자여, 보살마하살이 일체 법이 사라져 없어지는
[滅盡] 삼매의 지혜 신통으로 잠깐잠깐 동안에 일체 법이

사라져 없어지는 삼매에 들어가지마는 또한 보살도에서 물러나지 아니하고, 보살의 일을 버리지도 않으며, 대자대비의 마음을 버리지 않고, 바라밀다를 닦되 잠깐도 쉬지 않으며, 일체 부처님 국토를 관찰하여 게으르지 않으니라."

진정한 삼매란 일체 법이 사라져 없어지는 삼매에 들어가도 보살도에서 물러나지 아니하고, 보살의 일을 버리지도 않으며, 대자대비의 마음을 버리지 않고, 바라밀다를 닦되 잠깐도 쉬지 않으면서 중생을 널리 교화하는 것이다. 삼매라고 하여 목석처럼 가만히 있는 것이 아니라는 것을 분명하게 밝혔다.

불 사 도 중 생 원　　부 단 전 법 륜 사　　불 폐 교
不捨度衆生願하며 **不斷轉法輪事**하며 **不廢教**

화 중 생 업　　불 사 공 양 제 불 행　　불 사 일 체 법
化衆生業하며 **不捨供養諸佛行**하며 **不捨一切法**

자 재 문
自在門하며 불 사 상 견 일 체 불
不捨常見一切佛하며 불 사 상 문 일 체
不捨常聞一切

법
法하며

"중생을 제도하는 서원을 버리지 않고, 법륜을 굴리는 일을 끊지 않으며, 중생 교화하는 일을 폐하지 않고, 부처님께 공양하는 행을 버리지 않으며, 일체 법에 자재한 문을 버리지 않고, 일체 부처님을 항상 친견함을 버리지 않으며, 일체 법문을 항상 들음을 버리지 않느니라."

보살은 일체 법이 사라져 없어지는 삼매에 들어가도 중생을 제도하는 서원을 버리지 않고, 법륜을 굴리는 일을 끊지 않으며, 중생 교화하는 일을 폐하지 않고, 부처님께 공양하는 행을 버리지 않는 등 일체 보살행을 부지런히 수행한다. 즉 일체 보살행을 부지런히 수행하는 것이 곧 일체 법이 사라져 없어지는 삼매에 들어가는 것이다.

지 일 체 법　　평 등 무 애　　자 재 성 취 일 체 불 법
知一切法이 **平等無礙**하야 **自在成就一切佛法**

소 유 승 원　　개 득 원 만　　요 지 일 체 국 토 차 별
하며 **所有勝願**이 **皆得圓滿**하며 **了知一切國土差別**

입 불 종 성　　도 어 피 안
하며 **入佛種性**하야 **到於彼岸**하며

"일체 법이 평등하여 걸림 없음을 알아 자재하게 일
체 부처님의 법을 성취하며, 모든 수승한 원을 다 원만
케 하며, 모든 국토의 차별을 분명히 알고, 부처님의 종
성에 들어가서 저 언덕에 이르느니라."

보살은 일체 법이 멸진한 삼매에 들어가서 비로소 일체
법이 평등하여 걸림 없음을 알아 자재하게 일체 부처님의 법
을 성취하며, 모든 수승한 원을 다 원만케 한다. 또 모든 국
토의 차별을 분명히 알고, 부처님의 종성에 들어가서 저 언
덕에 이른다. 이와 같은 불사를 지어야 진정으로 삼매에 든
것이 된다.

능 어 피 피 제 세 계 중　　학 일 체 법　　　요 법 무 상
能於彼彼諸世界中에 **學一切法**하야 **了法無相**

지 일 체 법　　개 종 연 기　　무 유 체 성　　　연 수 세
하며 **知一切法**이 **皆從緣起**라 **無有體性**이나 **然隨世**

속　　방 편 연 설　　수 어 제 법　　심 무 소 주　　연 순
俗하야 **方便演說**하며 **雖於諸法**에 **心無所住**나 **然順**

중 생　　제 근 욕 락　　　방 편 위 설 종 종 제 법
衆生의 **諸根欲樂**하야 **方便爲說種種諸法**이니라

"저 모든 세계에서 일체 법을 배워서 법이 모양이 없
음을 알며, 일체 법이 다 인연으로부터 생겨서 자체 성
품이 없음을 알지마는 세속을 따라서 방편으로 연설하
며, 비록 모든 법에 대하여 마음이 머무름이 없지마는
중생의 온갖 근성과 욕망을 따라서 방편으로 갖가지 모
든 법을 연설하느니라."

홀륭한 삼매에 든 보살은 일체 법이 다 인연으로부터 생
겨서 자체 성품이 없음을 알지마는 세속을 따라서 방편으로
연설하여 중생들을 교화한다. 또 뛰어난 삼매에 든 보살은
비록 모든 법에 대하여 마음이 머무름이 없지마는 중생의 온

갖 근성과 욕망을 따라서 방편으로 갖가지 모든 법을 연설하여 교화한다. 이것이 진정한 삼매에 든 것이다.

2) 머무는 시간이 자재하다

차보살   주삼매시   수기심락   혹주일겁
此菩薩이 **住三昧時**에 **隨其心樂**하야 **或住一劫**

혹주백겁   혹주천겁   혹주억겁   혹주
하며 **或住百劫**하며 **或住千劫**하며 **或住億劫**하며 **或住**

백억겁   혹주천억겁   혹주백천억겁   혹
百億劫하며 **或住千億劫**하며 **或住百千億劫**하며 **或**

주나유타억겁   혹주백나유타억겁   혹주
住那由他億劫하며 **或住百那由他億劫**하며 **或住**

천나유타억겁   혹주백천나유타억겁   혹
千那由他億劫하며 **或住百千那由他億劫**하며 **或**

주무수겁   혹주무량겁   내지혹주불가설
住無數劫하며 **或住無量劫**하며 **乃至或住不可說**

불가설겁
不可說劫하나니라

"이 보살이 삼매에 머물 때에는 마음에 좋아함을 따라서 혹 한 겁을 머물기도 하고, 혹 백 겁을 머물기도 하고, 혹 천 겁을 머물기도 하고, 혹 억 겁을 머물기도 하고, 혹 백억 겁을 머물기도 하고, 혹 천억 겁을 머물기도 하고, 혹 백천억 겁을 머물기도 하고, 혹 한 나유타 억 겁을 머물기도 하고, 혹 백 나유타 억 겁을 머물기도 하고, 혹 천 나유타 억 겁을 머물기도 하고, 혹 백천 나유타 억 겁을 머물기도 하고, 혹 수없는 겁을 머물기도 하고, 혹 한량없는 겁을 머물기도 하고, 내지 말할 수 없이 말할 수 없는 겁을 머물기도 하느니라."

보살이 삼매에 머물 때 그 머무는 시간의 길고 짧음이 자유자재하다. 마음에 좋아함을 따라서 혹 한 겁을 머물기도 하고, 혹 백 겁을 머물기도 하고, 혹 천 겁을 머물기도 하고, 혹 억 겁을 머물기도 하는 등 걸림이 없다.

3) 위의威儀를 나타내다

보살　입 차 일 체 법 멸 진 삼 매　　수 부 경 어
菩薩이 **入此一切法滅盡三昧**하야는 **雖復經於**

이 소 겁 주　　이 신 불 리 산　　불 리 수　　불 변 이
爾所劫住나 **而身不離散**하며 **不羸瘦**하며 **不變異**하며

비 견 비 불 견　　　불 멸 불 괴　　불 피 불 해　　불 가 진
非見非不見이며 **不滅不壞**며 **不疲不懈**며 **不可盡**

갈
竭이니라

"보살이 이 일체 법이 사라져 없어지는 삼매에 들어
가서 비록 다시 저러한 겁을 지나면서 머물더라도 몸이
흩어지지 않고, 여위지도 않고, 변하여 달라지지도 않
으며, 보는 것도 아니고 보지 못하는 것도 아니며, 사라
지지도 않고 무너지지도 않으며, 고달프지도 않고 게으
르지도 않으며, 다하지도 아니하느니라."

보살이 이 일체 법이 사라져 없어지는 삼매에 들어가서
비록 길거나 짧은 시간 동안 마음대로 머물더라도 보살의
몸에는 아무런 변화가 없다. 만약 어떤 변화가 있다면 그것

은 삼매에 자유로운 것이 못 된다.

4) 작용이 걸림이 없다

雖於有於無에 悉無所作이나 而能成辦諸菩薩

事하나니 所謂恒不捨離一切衆生하고 教化調伏에

未曾失時하야 令其增長一切佛法하야 於菩薩行에

悉得圓滿하며 爲欲利益一切衆生하야 神通變化가

無有休息호미

"비록 있는 것이나 없는 것에 모두 하는 일이 없지
마는 모든 보살의 일을 이루나니, 이른바 일체 중생을
항상 떠나지 아니하고 교화하고 조복하는 시기를 잃지
않으며, 그들로 하여금 일체 불법을 증장시키되 보살의

행을 다 원만케 하며, 일체 중생에게 이익되게 하기 위하여 신통과 변화가 쉬지 않느니라."

삼매에 머문 보살은 있음과 없음이라는 상대적인 관념에서 멀리 떠나 있다. 그래서 있음과 없음에 열심히 하더라도 아무런 하는 바가 없다. 하는 바가 없으면서 일체 중생을 항상 떠나지 아니하고 교화하고 조복하는 시기를 잃지 않는다. 또 중생들로 하여금 일체 불법을 증장하게 하되 보살의 행을 다 원만케 하며, 또 일체 중생에게 이익되게 하기 위하여 신통과 변화가 쉬지 아니한다. 이것이 작용이 걸림이 없는 이치이다.

비 여 광 영   보 현 일 체   이 어 삼 매   적 연 부
譬如光影이 普現一切하야 而於三昧에 寂然不

동   시 위 보 살 마 하 살   입 일 체 법 멸 진 삼 매 지
動이니 是爲菩薩摩訶薩의 入一切法滅盡三昧智

신 통
神通이니라

"비유하자면 마치 그림자가 모든 곳에 두루 나타나는 것과 같이 삼매에서는 고요하여 변동하지 않느니라. 이것이 보살마하살이 일체 법이 사라져 없어지는 삼매에 들어가는 지혜의 신통이니라."

일체 법이 사라져 없어지는 삼매에 들어가는 지혜의 신통은 마치 그림자가 모든 곳에 다 나타나지마는 나타나는 바가 없는 것과 같다. 이것이 입일체법멸진삼매지신통入一切法滅盡三昧智神通이다.

11. 열 가지 신통을 모두 찬탄하다

_{불 자} _{보살마하살} _{주어여시십종신통} _일
佛子야 **菩薩摩訶薩**이 **住於如是十種神通**에 **一**

_{체 천 인} _{불능사의} _{일체중생} _{불능사의}
切天人이 **不能思議**하며 **一切衆生**이 **不能思議**하며

_{일체성문} _{일체독각} _{급여일체제보살중} _여
一切聲聞과 **一切獨覺**과 **及餘一切諸菩薩衆**이 **如**

_{시 개 실 불 능 사 의}
是皆悉不能思議니라

"불자여, 보살마하살이 이와 같은 열 가지 신통에 머
물면 모든 천신들이 헤아리지 못하며, 일체 중생이 헤
아리지 못하며, 일체 성문과 일체 독각과 다른 일체 보
살들도 이와 같이 다 헤아리지 못하느니라."

그동안 설한 열 가지 신통이란 불법의 궁극이다. 그러므

로 일체 천신이나 중생이나 성문이나 독각이나 다른 보살들은 그 경지를 능히 헤아릴 수 없다. 다른 보살이란 이 등각의 지위에 오른 보살을 제외한 나머지 보살들을 말한다.

차보살 신업 불가사의 어업 불가사의
此菩薩의 **身業**이 **不可思議**며 **語業**이 **不可思議**며

의업 불가사의 삼매 자재 불가사의 지혜
意業이 **不可思議**며 **三昧自在**가 **不可思議**며 **智慧**

경계 불가사의 유제제불 급유득차신통보
境界가 **不可思議**니 **唯除諸佛**과 **及有得此神通菩**

살 여무능설차인공덕 칭양찬탄
薩하고 **餘無能說此人功德**하야 **稱揚讚歎**이니라

"이 보살의 몸으로 짓는 업을 헤아릴 수 없으며, 말로 짓는 업을 헤아릴 수 없으며, 뜻으로 짓는 업을 헤아릴 수 없으며, 삼매의 자유로움을 헤아릴 수 없으며, 지혜의 경계를 헤아릴 수 없느니라. 오직 부처님과 이 신통을 얻은 보살을 제외하고 다른 이들은 이 사람의 공덕을 설하여 칭찬하거나 찬탄할 수 없느니라."

앞에서 설한 열 가지 지혜 신통에 머문 보살의 몸으로 짓는 업을 헤아릴 수 없으며, 말로 짓는 업을 헤아릴 수 없으며, 뜻으로 짓는 업을 헤아릴 수 없으며, 삼매의 자유로움을 헤아릴 수 없으며, 지혜의 경계를 헤아릴 수 없다. 그러므로 이 경계에 머문 사람의 공덕은 오직 부처님과 열 가지 지혜 신통에 머문 보살만이 설할 수 있다. 설사 보살이라 하더라도 경계가 미치지 못한 보살은 그 공덕을 알지 못하며 설할 수 없기 때문이다.

佛子야 是爲菩薩摩訶薩의 十種神通이니 若菩
薩摩訶薩이 住此神通하면 悉得一切三世無礙智
神通이니라

"불자여, 이것이 보살마하살의 열 가지 신통이니, 만약 보살마하살이 이 신통에 머물면 일체 과거 현재 미래의 걸림 없는 지혜 신통을 얻느니라."

만약 보살이 이 열 가지 지혜 신통에 머물면 과거 현재 미래의 모든 걸림 없는 지혜 신통을 다 같이 얻게 된다. 이 열 가지 지혜 신통은 시방삼세의 일체 모든 부처님이 얻으신 바이며 불교 궁극의 지혜 신통이다. 만약 불교의 가르침에서 신통을 설명하게 되면 반드시 화엄경의 이와 같은 지혜 신통으로 설명하여야 할 것이다.

십통품 끝

대방광불화엄경 강설

제44권

二十九. 십인품

등각위等覺位의 보살 지위에서 일체 법의 실상을 어떻게 깨달아 아는가를 열 가지 인으로 밝힌 품이다. 열 가지 인忍에서 '인忍'이란 일체 법의 실상을 안으로 또는 마음으로 깨달아 앎을 뜻한다.

일체 법의 실상을 안으로 또는 마음으로 깨달아 앎을 왜 인忍이라고 하는가. '인'의 정확한 뜻은 '참을 인忍'으로 사람에게 몸으로나 마음으로나 심한 고통이 있더라도 아무런 표현을 하지 않는 것을 '참는다[忍]'고 한다. 이와 같이 속으로 또는 마음으로 일체 법에 대한 실상을 깨달아 알더라도 속으로 또는 마음으로 알 뿐이다. 밖으로 드러난 것은 없더라도 사람이 느끼고 있는 고통은 분명하듯이 존재의 실상을 깨달아 앎도 밖으로 드러난 것은 없으나 매우 분명한 것이 진리에 대한 깨달음이다. 일체 존재 현상[相]의 이면에 있는 실상[理]도 그와 같기 때문에 깨달아 앎과 존재의 실상을 모두 '인忍'이라 한다.

청량스님은 이름을 해석하여 "인忍이란 인해忍解와 인가印可이니 곧 지혜로 비추고 관觀이 통달함이다."[1]라고 하였다. 이와 같은 이치를 음성인音聲忍과, 따라 주는 인[順忍]과, 생

멸 없는 법의 인[無生法忍]과, 환술 같은 인[如幻忍]과, 아지랑이 같은 인[如焰忍]과, 꿈과 같은 인[如夢忍]과, 메아리 같은 인[如響忍]과, 그림자 같은 인[如影忍]과, 허깨비 같은 인[如化忍]과, 허공 같은 인[如空忍]이라는 열 가지로 나타낸 것이 십인품十忍品이다.

---

1) 釋名者：忍謂忍解印可. 即智照觀達.

1. 수승함을 찬탄하고 이름을 열거하다

이 시　　보현보살　고제보살언　　불자　보
爾時에 **普賢菩薩**이 **告諸菩薩言**하사대 **佛子**야 **菩**

살마하살　　유십종인　　약득차인　　즉득도어
薩摩訶薩이 **有十種忍**하니 **若得此忍**하면 **則得到於**

일체보살무애인지　　　일체불법　무애무진
一切菩薩無礙忍地하야 **一切佛法**이 **無礙無盡**하나니

그때에 보현보살이 모든 보살들에게 말하였습니다. "불자여, 보살마하살에게 열 가지의 인忍이 있으니 만약 이 인을 얻으면 곧 일체 보살의 걸림 없는 인의 지위에 이르러 일체 불법이 장애가 없고 다함이 없느니라."

보현보살이 십인품을 설한다. 보현보살은 등각위에 이른 보살이 "만약 이 인을 얻으면 곧 일체 보살의 걸림 없는 인의 지위에 이르러 일체 불법이 장애가 없고 다함이 없다."

고 그 수승한 덕을 찬탄하였다. '인'이란 일체 법의 실상을
깨달아 앎이다. 그러므로 일체 불법이 장애가 없고 다함이
없다.

何者_가 爲十_고 所謂音聲忍_과 順忍_과 無生法忍_과

如幻忍_과 如焰忍_과 如夢忍_과 如響忍_과 如影忍_과

如化忍_과 如空忍_{이니} 此十種忍_을 三世諸佛_이 已

說今說當說_{이시니라}

"무엇이 열인가. 이른바 음성인音聲忍과, 따라 주는 인
[順忍]과 생멸 없는 법의 인[無生法忍]과, 환술 같은 인[如幻
忍]과, 아지랑이 같은 인[如焰忍]과, 꿈과 같은 인[如夢忍]
과, 메아리 같은 인[如響忍]과, 그림자 같은 인[如影忍]과,
허깨비 같은 인[如化忍]과, 허공 같은 인[如空忍]이니라. 이
열 가지 인을 세 세상 모든 부처님들이 이미 설하였고
지금 설하고 장차 설하시느니라."

십인十忍의 열 가지 이름을 열거하였다. 그리고 이 열 가지 인은 불법에 있어서 빼놓을 수 없는 매우 중요한 법이므로 과거 현재 미래의 모든 진리를 깨달으신 부처님들이 이미 설하였고 지금 설하고 장차 설하실 것이라고 하였다.

2. 음성인音聲忍

불자   운하위보살마하살   음성인   위문제
佛子야 **云何爲菩薩摩訶薩**의 **音聲忍**고 **謂聞諸**

불소설지법   불경불포불외   심신오해
佛所說之法하고 **不驚不怖不畏**하야 **深信悟解**하며

애락취향   전심억념   수습안주   시명보살
愛樂趣向하며 **專心憶念**하며 **修習安住**가 **是名菩薩**

마하살   제일음성인
摩訶薩의 **第一音聲忍**이니라

"불자여, 어떤 것을 보살마하살의 음성인音聲忍이라
하는가. 이른바 모든 부처님께서 말씀하시는 법을 듣고
놀라지 않고 두려워하지 않으며, 깊이 믿고 깨달아 이
해하고 즐거이 나아가며, 오롯한 마음으로 생각하고 닦
아서 편안히 머무는 것이니, 이것을 보살마하살의 제1
음성인이라 하느니라."

첫 번째 음성인音聲忍이다. 모든 부처님이 일체 법을 설하신 내용을 듣고 그 법문의 음성에 대해 깨달아 알고 깊이 받아들이는 자세에 대해서 밝혔다. 즉 "놀라지 않고 두려워하지 않으며, 깊이 믿고 깨달아 이해하고 즐거이 나아가며, 오롯한 마음으로 생각하고 닦아서 편안히 머무는 것", 이것이 곧 부처님 설법의 음성을 깨달아 앎이다. 만약 법문의 음성을 깨달아 알지 못한다면 반대의 현상으로서 놀라고 두려워하며, 믿지도 않고 알지도 못하며, 그 법에 나아가지 못하고 기억하지도 못할 것이며, 수행하여 그 법에 머물지도 못할 것이다. 법문을 듣고 깨달아 아는 것이 밖으로 드러난 것은 없지만 마음에 큰 변화와 울림과 감동이 있으므로 나아가고 기억하고 그 법에 안주하는 것이다.

3. 순인順忍

<ruby>佛子<rt>불자</rt></ruby>야 <ruby>云何爲菩薩摩訶薩<rt>운하위보살마하살</rt></ruby>의 <ruby>順忍<rt>순인</rt></ruby>고 <ruby>謂於諸法<rt>위어제법</rt></ruby>

에 <ruby>思惟觀察<rt>사유관찰</rt></ruby>하며 <ruby>平等無違<rt>평등무위</rt></ruby>하며 <ruby>隨順了知<rt>수순요지</rt></ruby>하며 <ruby>令心淸<rt>영심청</rt></ruby>

<ruby>淨<rt>정</rt></ruby>하며 <ruby>正住修習<rt>정주수습</rt></ruby>하며 <ruby>趣入成就<rt>취입성취</rt></ruby>가 <ruby>是名菩薩摩訶<rt>시명보살마하</rt></ruby>

<ruby>薩<rt>살</rt></ruby>의 <ruby>第二順忍<rt>제이순인</rt></ruby>이니라

"불자여, 어떤 것을 보살마하살의 따라 주는 인[順忍]
이라 하는가. 이른바 모든 법을 생각하고 관찰하며, 평
등하게 어김 없이 따라서 알며, 마음을 청정하게 하고
바로 머물러 닦으며 나아가 성취함이니, 이것을 보살마
하살의 제2 따라 주는 인이라 하느니라."

두 번째는 따라 주는 인[順忍]이다. 무엇이 따라 주는 인인가. 불교의 교설에서 가장 많은 뜻을 내포하고 있는 말이 모든 법[諸法]과 일체 법一切法이다. 법이란 일체 모든 유형한 존재나 무형한 존재나 물질이나 정신이나 이 모든 것과 이들이 가지고 있는 이치이며 실상이다. 또 그것을 깨달아 아는 사람의 가르침이다. 앞에서 음성인音聲忍을 설하면서 모든 부처님이 설하신 법이라고 할 때는 존재의 실상에 대한 진리의 가르침을 뜻하였다. 여기서는 제법의 의미로 일체 존재와 존재의 실상과 그 가르침을 함께 생각하고 관찰하며, 평등하게 어김없이 따라서 아는 것을 말하였다.

수순하는 진리를 모든 법에 적용하기에 앞서 먼저 인연과 인과의 원리를 수순하는 것이 가장 중요하다. 사람 관계와 물질 관계와 의식주와 부귀공명에 대해서 인연의 이치를 철저히 믿고 깨달아서 수순하고 창조하며 사는 것이 무엇보다 앞서 행해야 할 일이다.

이 시대 매우 훌륭하신 분 중의 한 분인 성엄(聖嚴, 1930~2009)스님은 "성공의 삼박자는 인연에 순응하여, 인연을 파악하고, 인연을 창조하는 것"[2] 이라고 『108 자재어』에서 밝했다. 부귀공명을 누리는 것이 성공한 인생이 아니라 인연의 이치를 알아 인연에 순응하고, 인연을 파악하고, 인연을 창조하면서 살 줄 아는 인생이 성공한 인생이라는 뜻이다.

---

2) 成功的三部曲是：隨順因緣, 把握因緣, 創造因緣.

4. 무생법인無生法忍

1) 작은 법도 생기고 사라짐을 보지 않는다

佛子야 云何爲菩薩摩訶薩의 無生法忍고 佛子야
此菩薩摩訶薩이 不見有少法生하며 亦不見有少
法滅하나니라

"불자여, 어떤 것을 보살마하살의 생멸이 없는 법의
인[無生法忍]이라 하는가. 불자여, 이 보살마하살이 조그
만 법도 생기는 것을 보지 않고, 또한 조그만 법도 사라
지는 것을 보지 않느니라."

무생법인無生法忍은 모든 법인法忍 중에서 가장 많이 거론

되는 말이다. 사전적인 해석으로는 "불생불멸하는 진여법성을 인지忍知하고, 거기에 안주하여 움직이지 않는 것"이라고 하였다. 일체 존재, 즉 미세 먼지에서부터 삼라만상과 천지만물과 사람에 이르기까지 그 현상은 시시각각으로 변화하면서 모양을 달리하지만 본질은 조금의 변화도 없다는 진리이다. 육신도 그러려니와 마음도 그렇다. 그래서 "보살이 조그만 법도 생기는 것을 보지 않고, 또한 조그만 법도 사라지는 것을 보지 않는다."라고 하였다. 실로 모든 법의 진실한 모습[實相]은 새롭게 생기거나 끝까지 없어짐이 없다.

2) 그 까닭을 밝히다

하 이 고　　약 무 생 즉 무 멸　　약 무 멸 즉 무 진
何以故요 **若無生則無滅**이요 **若無滅則無盡**이요

약 무 진 즉 이 구　　약 이 구 즉 무 차 별　　약 무 차 별
若無盡則離垢요 **若離垢則無差別**이요 **若無差別**

즉 무 처 소　　약 무 처 소 즉 적 정
則無處所요 **若無處所則寂靜**이요

"무슨 까닭인가. 만약 생기지 않으면 사라짐이 없고, 만약 사라짐이 없으면 다함이 없고, 만약 다함이 없으면 때를 여의고, 만약 때를 여의면 차별이 없고, 만약 차별이 없으면 처소가 없고, 만약 처소가 없으면 고요하니라."

약 적 정 즉 이 욕　　약 이 욕 즉 무 작　　약 무 작
若寂靜則離欲이요 若離欲則無作이요 若無作

즉 무 원　　약 무 원 즉 무 주　　약 무 주 즉 무 거 무 래
則無願이요 若無願則無住요 若無住則無去無來니

시 명 보 살 마 하 살　　제 삼 무 생 법 인
是名菩薩摩訶薩의 第三無生法忍이니라

"만약 고요하면 탐욕을 여의고, 만약 탐욕을 여의면 지을 것이 없고, 만약 지을 것이 없으면 소원이 없고, 만약 소원이 없으면 머물 것이 없고, 만약 머물 것이 없으면 가고 옴이 없나니, 이것을 보살마하살의 제3 생멸이 없는 법의 인이라 하느니라."

보살마하살이 조그만 법도 생기는 것을 보지 않고, 또한

조그만 법도 사라지는 것을 보지 않는 까닭을 밝혔다. 생기지 않으면 사라짐이 없고, 사라짐이 없으면 다함이 없고, 나아가서 고요하면 탐욕이 없다. 탐욕이 없다면 할 일이 무엇이겠는가. 할 일이 없는데 바라는 바가 있을 수 없다. 바라는 바가 없으므로 머물러 집착할 것이 없다. 머물러 집착하는 바가 없으므로 가고 오더라도 가고 옴이 없다. 이것이 생멸이 없는 법의 진리이다.

5. 여환인如幻忍

1) 인연에 의하여 일어난 것은 모두 환술과 같다

佛_子야 云何爲菩薩摩訶薩_의 如幻忍_고 佛_子야

此菩薩摩訶薩_이 知一切法_이 皆悉如幻_{하야} 從因

緣起_{하야} 於一法中_에 解多法_{하며} 於多法中_에 解一

法_{이니}

"불자여, 어떤 것을 보살마하살의 환술 같은 인[如幻忍]
이라 하는가. 불자여, 이 보살마하살이 일체 법이 모두
환술과 같아서 인연으로 생기는 줄을 알고, 한 법에서 여
러 법을 이해하며, 여러 법에서 한 법을 이해하느니라."

보살은 일체 법이 인연으로부터 일어나고 인연으로부터 사라지므로 모두 환술과 같음을 안다. 어떤 특별한 한 가지 법만 그런 것이 아니라 한 가지 법을 알므로 많은 법이 그와 같음을 안다.

此菩薩_이 知諸法如幻已_{하야는} 了達國土_{하며} 了
達衆生_{하며} 了達法界_{하며} 了達世間平等_{하며} 了達
佛出現平等_{하며} 了達三世平等_{하야} 成就種種神
通變化_{하나니라}

"이 보살이 모든 법이 환술과 같음을 알고 나서 국토를 분명히 알며, 중생을 분명히 알며, 법계를 분명히 알며, 세간이 평등함을 분명히 알며, 부처님 출현이 평등함을 분명히 알며, 세 세상이 평등함을 분명히 알아서 갖가지 신통변화를 성취하느니라."

국토와 중생과 법계와 세간이 평등함과 부처님의 출현이
평등함과 과거 현재 미래가 평등함도 모두 일체 법에 포함되
므로 일체 법이 환술과 같듯이 그 모든 것이 다 환술과 같음
을 안다.

2) 비유로써 밝히다

비여환　　비상비마　　비거비보　　비남비녀
譬如幻이 **非象非馬**며 **非車非步**며 **非男非女**며

비동남비동녀　　비수비엽　　비화비과　　비지
非童男非童女며 **非樹非葉**이며 **非華非果**며 **非地**

비수　　비화비풍　　비주비야　　비일비월　　비
非水며 **非火非風**이며 **非晝非夜**며 **非日非月**이며 **非**

반월비일월　　비일년비백년
半月非一月이며 **非一年非百年**이며

"마치 환술이 코끼리도 아니고 말도 아니고, 수레도
아니고 보행步行도 아니며, 남자도 아니고 여인도 아니
고, 동남도 아니고 동녀도 아니며, 나무도 아니고 잎도
아니고, 꽃도 아니고 열매도 아니며, 지대地大도 아니고

수대水大도 아니고, 화대火大도 아니고 풍대風大도 아니며, 낮도 아니고 밤도 아니고, 해도 아니고 달도 아니며, 반달도 아니고 한 달도 아니고, 일 년도 아니고 백 년도 아니며,

非一劫非多劫이며 非定非亂이며 非純非雜이며 非一非異며 非廣非狹이며 非多非少며 非量非無量이며 非麤非細며 非是一切種種衆物이라 種種非幻이며 幻非種種이로대 然由幻故로 示現種種差別之事인달하야

한 겁도 아니고 여러 겁도 아니고, 선정도 아니고 산란함도 아니며, 순일함도 아니고 섞임도 아니고, 하나도 아니고 다른 것도 아니며, 넓은 것도 아니고 좁은 것도 아니고, 많은 것도 아니고 적은 것도 아니며, 한량

있는 것도 아니고 한량없는 것도 아니고, 굵은 것도 아니고 가는 것도 아니며, 모든 여러 가지 물건이 아닌 것과 같으니라. 갖가지 것이 환술이 아니고 환술이 갖가지 것이 아니지마는, 그러나 환술로 인하여 갖가지 차별한 일을 나타내 보이느니라."

요술이나 환술이나 마술은 모두 같은 뜻이다. 모두가 실체가 없는 것을 현재 있는 것처럼 눈속임으로 만들어 보이는 일이다. 환술로 코끼리, 말, 수레 등 온갖 것을 만들어 보였으며, 심지어 지수화풍과 밤과 낮과 길고 짧은 여러 시간과 세월과 겁까지 만들어 보였던 것이다. 아무리 뛰어난 마술사라 하더라도 이런 것까지 만들어 보이다니 참으로 신기한 일이다.

보살 마하살　역 부 여 시　관 일 체 세 간 여 환
菩薩摩訶薩도 亦復如是하야 觀一切世間如幻

소 위 업 세 간　번 뇌 세 간　국 토 세 간　법 세
하나니 所謂業世間과 煩惱世間과 國土世間과 法世

간   시 세 간   취 세 간   성 세 간   괴 세 간   운 동
間과 時世間과 趣世間과 成世間과 壞世間과 運動

세 간   조 작 세 간
世間과 造作世間이니라

"보살마하살도 또한 그와 같아서 일체 세간이 환술
과 같음을 관찰하나니, 이른바 업의 세간과 번뇌의 세
간과 국토의 세간과 법의 세간과 시간의 세간과 길[趣]
의 세간과 이룩하는 세간과 무너지는 세간과 운동하는
세간과 만드는[造作] 세간이니라."

보살은 일체 세간을 모두 환술과 같이 거짓이고 눈속임
으로 나타난 것으로 본다. 업의 세간과 번뇌의 세간과 국토
의 세간과 법의 세간과 시간의 세간 등 모두 환술로 나타나
지 않은 것이 없다고 본다. 환술과 같은 인忍을 얻은 보살은
이와 같이 온 세상을 진실하여 실재하는 것은 하나도 없고
거짓으로 환술로 나타난 것처럼 관찰한다.

3) 일체 분별을 멀리 떠나다

보살마하살 관일체세간여환시 불견중
菩薩摩訶薩이 觀一切世間如幻時에 不見衆

생생 불견중생멸 불견국토생 불견국
生生하며 不見衆生滅하며 不見國土生하며 不見國

토멸 불견제법생 불견제법멸
土滅하며 不見諸法生하며 不見諸法滅하며

"보살마하살이 일체 세간이 환술과 같음을 관찰할
때에 중생의 생겨남을 보지 않고 중생의 사라짐을 보지
않으며, 국토의 생겨남을 보지 않고 국토의 사라짐을
보지 않으며, 모든 법의 생겨남을 보지 않고 모든 법의
사라짐을 보지 않으며,

불견과거가분별 불견미래유기작 불
不見過去可分別하며 不見未來有起作하며 不

견현재일념주 불관찰보리 불분별보리
見現在一念住하며 不觀察菩提하며 不分別菩提하며

불 견 불 출 현　　불 견 불 열 반　　불 견 주 대 원
不見佛出現하며 不見佛涅槃하며 不見住大願하며

불 견 입 정 위　　불 출 평 등 성
不見入正位하야 不出平等性이니라

　과거를 분별할 수 있음을 보지 않고, 미래가 일어남을 보지 않으며, 현재가 한 생각에 머물렀음을 보지 않고, 보리를 관찰하지 않고 보리를 분별하지 않으며, 부처님이 출현하심을 보지 않고 부처님이 열반하심을 보지 않으며, 큰 서원에 머무름을 보지 않고 바른 지위에 들어감을 보지 아니하여 평등한 성품에서 벗어나지 않느니라."

　일체 세간이 모두 환술과 같다면 무엇인들 실재한다고 보겠는가. 보살의 가장 큰 관심사인 중생의 생멸인들, 국토의 생멸인들, 제법의 생멸인들, 또는 과거 현재 미래라는 시간인들, 부처님이 출현하고 부처님이 열반하시는 일인들 무엇이 실재하겠는가. 일체 법 일체 존재를 실재한다고 보지 않는다.

4) 움직이고 고요함이 둘이 아니다

시 보 살　　 수 성 취 불 국 토　　 지 국 토 무 차 별
是菩薩이 **雖成就佛國土**나 **知國土無差別**하며

수 성 취 중 생 계　 지 중 생 무 차 별　　 수 보 관 법 계
雖成就衆生界나 **知衆生無差別**하며 **雖普觀法界**나

이 안 주 법 성　　 적 연 부 동　　 수 달 삼 세 평 등
而安住法性하야 **寂然不動**하며 **雖達三世平等**이나

이 불 위 분 별 삼 세 법
而不違分別三世法하며

"이 보살이 비록 부처님 국토를 성취하나 국토가 차별 없음을 알며, 비록 중생계를 성취하나 중생이 차별 없음을 알며, 비록 법계를 두루 관찰하나 법의 성품에 머물러서 고요하고 동하지 않으며, 비록 삼세가 평등함을 통달하나 삼세의 법을 분별하는 데 어기지 않느니라."

움직이고 고요함이 둘이 아니라는 것은 보살이 모든 법을 아는 데 양변兩邊에 치우치지 않고 원융자재하다는 뜻이다. 보살이 부처님 국토, 즉 청정국토와 극락정토를 성취하더라도 일체 국토와 차별이 없음을 안다. 또 일체 중생을 교

화하여 성취하더라도 다른 중생들과 차별이 없음을 안다. 이와 같이 아는 것이 국토를 알고 중생을 아는 중도적 바른 길이다.

수성취온처　이영단소의　　수도탈중생
雖成就蘊處나 而永斷所依하며 雖度脫衆生이나

이요지법계평등　무종종차별　수지일체
而了知法界平等하야 無種種差別하며 雖知一切

법　원리문자　　불가언설　이상설법　변
法이 遠離文字하야 不可言說이나 而常說法하야 辯

재무진
才無盡하며

"비록 오온五蘊과 십이처十二處를 성취하나 의지할 데를 아주 끊었으며, 비록 중생을 제도하나 법계가 평등하여 갖가지 차별이 없음을 알며, 비록 일체 법이 문자를 여의어서 말할 수 없음을 알면서도 항상 법을 설하여 변재가 끊어지지 않느니라."

사람은 모두가 오온과 십이처를 의지하여 삶을 영위해

간다. 그러나 보살은 그것에 의지하는 바를 길이 끊었다. 또 비록 중생을 제도하더라도 법계와 일체 중생이 평등하여 갖가지 차별상이 없음을 안다. 또 비록 일체 법이 문자를 여의어서 일체 법을 설할 수 없음을 알면서도 항상 법을 설하여 변재가 끊어지지 않는다. 그러므로 세존은 49년간 수없이 법을 설하였으나 "한 글자도 설한 바가 없다."고 하였다. 일체를 있음과 없음에 치우치지 않는 중도의 관점에서 보기 때문이다.

雖不取着化衆生事나 而不捨大悲하고 爲度一切하야 轉於法輪하며 雖爲開示過去因緣이나 而知因緣性이 無有動轉하나니 是名菩薩摩訶薩의 第四如幻忍이니라

"비록 중생을 교화하는 일에 집착하지 않으나 큰 자

비를 버리지 않고 일체 중생을 제도하기 위하여 법륜을 굴리며, 비록 과거의 인연을 열어 보이지만 인연의 성품은 움직이지 않음을 아나니, 이것을 보살마하살의 제4 환술과 같은 인[如幻忍]이라 하느니라."

보살은 중생을 교화하되 교화하는 일에 집착하지 않으면서 대자대비를 버리지 않고 일체 중생을 제도하기 위하여 법륜을 굴린다. 이와 같이 일체 법을 중도적으로 아는 것이 진정한 환술과 같이 아는 진리[如幻忍]의 길이다.

6. 여염인如焰忍

불자　 운하위보살마하살　 여염인　불자
佛子야 **云何爲菩薩摩訶薩**의 **如焰忍**고 **佛子**야

차 보 살 마 하 살　 지 일 체 세 간　 동 어 양 염
此菩薩摩訶薩이 **知一切世間**이 **同於陽焰**하나니

"불자여, 어떤 것을 보살마하살의 아지랑이 같은 인
[如焰忍]이라 하는가. 불자여, 이 보살마하살이 일체 세간
이 아지랑이와 같음을 아느니라."

주로 봄날에 햇빛이 강하게 내리쬘 때 공기가 공중에서
아른아른 움직이는 현상을 아지랑이라고 한다. 있는 듯이
보이지만 그 실체는 없다. 보살은 세상의 일체를 아지랑이
와 같이 알고 있다. 금강경에서는 "일체 유위의 법은 마치 꿈
과 같고, 환영과 같고, 물거품과 같고, 그림자와 같고, 아침
이슬과 같고, 번갯불과 같으니, 응당 이와 같이 관찰하라."[3)]

라고 하였다.

비여양염   무유방소   비내비외   비유비
譬如陽焰이 **無有方所**하야 **非內非外**며 **非有非**

무   비단비상   비일색비종종색   역비무색
無며 **非斷非常**이며 **非一色非種種色**이며 **亦非無色**

단 수 세 간 언 설 현 시
이로대 **但隨世間言說顯示**인달하야

"비유하자면 마치 아지랑이가 있는 장소가 없어서
안도 아니고 바깥도 아니며, 있는 것도 아니고 없는 것
도 아니며, 끊어짐도 아니고 항상 함도 아니며, 한 색상
도 아니고 갖가지 색상도 아니고 또한 색상 없는 것도
아니니, 다만 세간의 말을 따라서 나타내 보이는 것과
같으니라."

아지랑이가 있는 듯이 보이지만 그 실체는 없다. 장소가
없어서 안도 아니고 바깥도 아니며, 있는 것도 아니고 없는

─────────────

3) 一切有爲法 如夢幻泡影 如露亦如電 應作如是觀.

것도 아니며, 끊어짐도 아니고 항상 함도 아니다.

菩薩도 如是하야 如實觀察하야 了知諸法하고 現
證一切하야 令得圓滿하나니 是名菩薩摩訶薩의 第
五如焰忍이니라

"보살도 이와 같아서 실상實相과 같이 관찰하여 모든 법을 알고 그 자리에서 일체를 증득하여 원만함을 얻게 하나니, 이것을 보살마하살의 제5 아지랑이와 같은 인이라 하느니라."

보살은 일체 법의 실상을 관찰하여 모든 법을 알고 그 자리에서 일체를 증득하여 원만함을 얻는다. 법의 실상이란 실체가 없는 아지랑이와 같다는 것이다.

7. 여몽인如夢忍

불자야 운하위보살마하살의 여몽인고 불자야
佛子야 **云何爲菩薩摩訶薩**의 **如夢忍**고 **佛子**야

차보살마하살이 지일체세간이 여몽하나니라
此菩薩摩訶薩이 **知一切世間**이 **如夢**하나니라

"불자여, 어떤 것을 보살마하살의 꿈과 같은 인[如夢忍]이라 하는가. 불자여, 이 보살마하살이 일체 세간이 꿈과 같음을 아느니라."

불교에서는 일체 인생사나 세상만사가 꿈과 같다는 말을 자주 한다. 일체 세상사를 꿈과 같이 아는 것이 여몽인如夢忍이다. 불교의 많은 경전에서 꿈을 이야기하는데『술몽쇄언述夢瑣言』이나 '조신調信의 꿈'이나 장자의 '호접지몽胡蝶之夢'은 매우 유명하다.『술몽쇄언』은 월창月窓거사가 지은 것으로 불교의 정수를 꿈에 가탁假托하여 서술한 책이다.

비 여 몽　　비 세 간 비 이 세 간　　　비 욕 계　　비 색
譬如夢이 **非世間非離世間**이며 **非欲界**며 **非色**

계　　비 무 색 계　　　비 생 비 몰　　　비 염 비 정　　　　　이
界며 **非無色界**며 **非生非沒**이며 **非染非淨**이로대 **而**

유 시 현
有示現인달하야

"마치 꿈은 세간도 아니고 세간을 떠남도 아니며, 욕
계도 아니고 색계도 아니고 무색계도 아니며, 나는 것도
아니고 없어지는 것도 아니며, 물든 것도 아니고 청정한
것도 아니지마는 나타내 보임이 있는 것과 같으니라."

꿈의 세계는 곰곰이 생각해 보면 참으로 신기하기 이를
데 없다. 옛 사람들은 꿈을 '주사야몽晝思夜夢'이라고 하여
"낮에 생각한 것이 밤에 꿈으로 나타난 것"이라고 하였고,
또 꿈이란 '정신의 놀이[夢是神遊]'라고도 하였다. 아무튼 몸은
가만히 잠들었는데 꿈을 꾸는 주인공은 생시와 다름없이 우
주만유와 삼라만상을 만들어 놓고 그 만들어 놓은 자신의
세계에서 온갖 것을 다 펼쳐 보인다. 이것이 실로 있는 것인
가, 없는 것인가? 그 까닭을 알지 못하겠다.

보살마하살 역부여시 지일체세간 실
菩薩摩訶薩도 亦復如是하야 知一切世間이 悉

동어몽 무유변이고 여몽자성고 여몽집
同於夢하나니 無有變異故며 如夢自性故며 如夢執

착고 여몽성리고 여몽본성고 여몽소현고
着故며 如夢性離故며 如夢本性故며 如夢所現故며

여몽무차별고 여몽상분별고 여몽교시고
如夢無差別故며 如夢想分別故며 如夢覺時故니

시명보살마하살 제육여몽인
是名菩薩摩訶薩의 第六如夢忍이니라

"보살마하살도 또한 그와 같아서 일체 세간이 모두 꿈과 같음을 아느니라. 달라짐이 없는 까닭이며, 꿈의 자성과 같은 까닭이며, 꿈의 집착과 같은 까닭이며, 꿈이 성품을 여읜 것과 같은 까닭이며, 꿈의 본성품과 같은 까닭이며, 꿈에 나타나는 것과 같은 까닭이며, 꿈이 차별이 없음과 같은 까닭이며, 꿈이 생각으로 분별함과 같은 까닭이며, 꿈이 깨었을 때와 같은 까닭이니, 이것을 보살마하살의 제6 꿈과 같은 인이라 하느니라."

보통의 중생은 꿈만 꿈으로 알지만 보살은 꿈을 꿈으로

아는 것을 넘어 세상사를 모두 다 꿈으로 알고 있다. 왜냐하면 일체 세상사가 달라짐이 없는 까닭이며, 꿈의 자성과 같은 까닭이며, 꿈의 집착과 같은 까닭이며, 꿈이 성품을 여읜 것과 같은 까닭이며, 꿈의 본성품과 같은 까닭이다.

8. 여향인如響忍

1) 여래의 음성은 메아리와 같다

불자야 云何爲菩薩摩訶薩의 如響忍고 佛子야
此菩薩摩訶薩이 聞佛說法하고 觀諸法性하야 修
學成就하야 到於彼岸하며 知一切音聲이 悉同於響
하야 無來無去나 如是示現이니라

"불자여, 어떤 것을 보살마하살의 메아리 같은 인[如
響忍]이라 하는가. 불자여, 이 보살마하살이 부처님의 설
법을 듣고 모든 법의 성품을 관찰하고 배워서 성취하여
저 언덕에 이르며, 일체 음성이 모두 메아리 같아서 오

는 일도 없고 가는 일도 없음을 알고 이렇게 나타내 보이느니라."

메아리와 같은 인[如響忍]이란 보살이 부처님의 설법을 듣고 모든 법의 성품을 관찰하고 배워서 성취하여 저 언덕에 이르며, 일체 음성이 모두 메아리 같아서 오는 일도 없고 가는 일도 없음을 나타내 보이는 것이다.

불자 차보살마하살 관여래성 부종내출
佛子야 此菩薩摩訶薩이 觀如來聲이 不從內出

부종외출 역부종어내외이출 수요차
하며 不從外出하며 亦不從於內外而出하야 雖了此

성 비내비외 비내외출 이능시현선교명
聲이 非內非外며 非內外出이나 而能示現善巧名

구 성취연설
句하야 成就演說하나니라

"불자여, 이 보살마하살이 여래의 음성이 안에서 나는 것도 아니고 밖에서 나는 것도 아니고 또한 안팎에서 나는 것도 아님을 관찰해서, 비록 이 음성이 안도 아니고 바깥도 아니며 안팎에서 나오는 것도 아님을 알지마는 교묘한 이름과 구절을 능히 나타내 보여서 연설하느니라."

일체 메아리가 그렇듯이 부처님 설법의 음성 또한 안에서 나는 것도 아니고 밖에서 나는 것도 아니고 안팎에서 나는 것도 아니다. 이것을 잘 관찰한 가운데 온갖 교묘한 이름과 구절을 능히 나타내 보여서 연설하여 중생들을 교화한다. 이것이 설할 것이 없는 이치를 알고 법을 설하는 것[證無說而談詮]이다. 법을 설하는 것만이 아니라 육바라밀을 베푸는 것 역시 메아리와 같은 육바라밀을 행한다[施爲谷響度門].

2) 비유로써 밝히다

비 여 곡 향   종 연 소 기   이 여 법 성   무 유 상
譬如谷響이 **從緣所起**하야 **而與法性**으로 **無有相**

위   영 제 중 생   수 류 각 해   이 득 수 학
違하고 **令諸衆生**으로 **隨類各解**하야 **而得修學**하며

"비유하자면 마치 골짜기에서 일어나는 메아리가 인연으로 생기는 것이지만 법의 성품과 어기지 않고, 모든 중생들로 하여금 종류를 따라서 각각 이해하고 닦아 배우게 하는 것과 같으니라."

메아리가 인연을 따라 일어나는 것이 법의 성품과 어기지 않는다. 법의 성품이 본래 공적하지만 인연을 만나면 온갖 일을 짓듯이 메아리도 본래는 없는 소리지만 골짜기에 소리를 지르면 그 인연으로 골짜기에 울림이 있다. 이 울림은 본래의 소리는 아니지만 소리가 있는 것과 같다.

여 제 석 부 인　아 수 라 녀　명 왈 사 지　어 일 음
如帝釋夫人인 阿修羅女를 名曰舍支라 於一音

중　출 천 종 음　역 불 심 넘　영 여 시 출
中에 出千種音호대 亦不心念하고 令如是出인달하야

"제석천왕의 부인인 아수라의 딸은 이름을 사지舍支라 하는데, 한 가지 음성에서 천 가지 소리를 내지마는 또한 마음으로 생각하지 않고 이와 같이 내게 하는 것

과 같으니라."

또 한 가지 비유를 들어 보면 제석천왕의 부인인 아수라의 딸은 한 가지 음성에서 일천 가지의 소리를 낸다는 것이다. 그러나 마음으로는 아무런 생각이 없는데 이와 같이 천 가지 소리가 나온다. 마치 메아리의 울림과 같다.

보살마하살　　역부여시　　입무분별계
菩薩摩訶薩도 **亦復如是**하야 **入無分別界**하야

성취선교수류지음　　어무변세계중　　항전법
成就善巧隨類之音하야 **於無邊世界中**에 **恒轉法**

륜
輪이니라

"보살마하살도 또한 그와 같아서 분별이 없는 경지에 들어가 교묘하게 종류를 따르는 음성을 성취하여 그지없는 세계에서 법륜을 항상 굴리느니라."

보살은 마치 메아리의 울림과 같이 분별이 없는 경지에

들어가 교묘하게 종류를 따르는 음성을 성취하여 그지없는
세계에서 법륜을 항상 굴리어 한량없는 중생을 교화한다.

3) 근기를 따라 두루 설하다

차보살 선능관찰일체중생 이광장설상
此菩薩이 **善能觀察一切衆生**하야 **以廣長舌相**

이위연설 기성 무애 변시방토 영
으로 **而爲演說**호대 **其聲**이 **無礙**하야 **偏十方土**하야 **令**

수소의 문법각이
隨所宜하야 **聞法各異**라

"이 보살이 일체 중생을 잘 관찰하고 넓고 긴 혀로
그들을 위하여 연설하나니, 그 음성이 걸림이 없이 시
방국토에 두루 퍼져 마땅함을 따라 법을 듣고 각각 달
리 이해하게 하느니라."

수지성무기 이보현음성 수지무소설
雖知聲無起나 **而普現音聲**하며 **雖知無所說**이나

이 광 설 제 법　　묘 음 평 등　　수 류 각 해　실 이
而廣說諸法하며 妙音平等이나 隨類各解하야 悉以

지 혜　　이 능 요 달　　시 명 보 살 마 하 살　제 칠 여
智慧로 而能了達하나니 是名菩薩摩訶薩의 第七如

향 인
響忍이니라

"비록 음성이 일어나지 않음을 알지마는 음성을 널
리 나타내며, 비록 말할 것이 없는 줄 알지마는 모든 법
을 널리 설하며, 묘한 소리가 평등하여 종류를 따라 각
각 이해하되 모두 지혜로써 능히 분명하게 아나니, 이
것을 보살마하살의 제7 메아리 같은 인이라 하느니라."

보살은 일체 중생의 갖가지 수준과 근기를 두루 잘 관찰
하고 광장설상廣長舌相으로 그들 중생을 위하여 널리 연설하
여 교화하고 조복한다. 그런데 온갖 음성을 널리 나타내지
마는 본래로 음성이 일어나지 아니함을 안다. 또 온갖 법을
널리 설하지만 본래 설할 것이 없음을 잘 안다. 이와 같은 것
이 일곱 번째 메아리 같은 인이다.

9. 여영인如影忍

1) 쌍차雙遮와 쌍조雙照로써 밝히다

불자야 운하위보살마하살의 여영인고 불자야
佛子야 云何爲菩薩摩訶薩의 如影忍고 佛子야

차보살마하살이 비어세간생이며 비어세간몰이며
此菩薩摩訶薩이 非於世間生이며 非於世間沒이며

비재세간내며 비재세간외며 비행어세간이며 비
非在世間內며 非在世間外며 非行於世間이며 非

불행세간이며 비동어세간이며 비이어세간이며
不行世間이며 非同於世間이며 非異於世間이며

"불자여, 어떤 것을 보살마하살의 그림자 같은 인[如
影忍]이라 하는가. 불자여, 이 보살마하살은 세간에 나는
것도 아니고 세간에서 사라지는 것도 아니며, 세간 안
에 있는 것도 아니고 세간 밖에 있는 것도 아니며, 세간

을 다니는 것도 아니고 세간을 다니지 않는 것도 아니며, 세간과 같지도 않고 세간과 다르지도 않느니라."

세상의 일체 존재는 모두 상대적인 양면을 함께 부정[雙遮]하기도 하고 함께 긍정[雙照]하기도 하면서 원융하게 존재하고 있다. 그림자 같은 인을 설하면서 화엄경의 주인공으로서 가장 빈번하게 거론되는 보살의 실체를 들어 상대적 부정[雙遮]과 상대적 긍정[雙照]으로 밝혀 본 것이다.

쌍차雙遮 쌍조雙照는 일체 존재의 중도성中道性을 설명할 때 많이 사용되는 용어이다. 예컨대 남자와 여자를 함께 부정하는 것이 쌍으로 막아 부정한다는 '차遮'의 의미이고, 남자와 여자를 함께 긍정하는 것이 쌍으로 비추어 긍정한다는 '조照'의 의미이다. 살활殺活이나 적조寂照라는 말도 같은 의미이다. 경문의 "보살은 세간에 나는 것도 아니고 세간에서 사라지는 것도 아니며, 세간 안에 있는 것도 아니고 세간 밖에 있는 것도 아니다."라는 것이 긍정과 부정을 함께 들어 밝힌 것이다. 보살뿐만 아니라 일체 존재가 다 그와 같다.

비 왕 어 세 간   비 불 왕 세 간   비 주 어 세 간
非往於世間이며 **非不往世間**이며 **非住於世間**이며

비 부 주 세 간   비 시 세 간   비 출 세 간
非不住世間이며 **非是世間**이며 **非出世間**이며

"세간에 가지도 않고 세간에 가지 않음도 아니며, 세간에 머물지도 않고 세간에 머물지 않음도 아니며, 세간도 아니고 출세간도 아니니라."

보살이 세간에 머물고 머물지 않음이 원융하여 걸림이 없는 것을 이와 같이 설한다.

비 수 보 살 행   비 사 어 대 원   비 실 비 불 실
非修菩薩行이며 **非捨於大願**이며 **非實非不實**이라

"보살의 행을 닦음도 아니고 큰 서원을 버림도 아니며, 진실함도 아니고 진실하지 않음도 아니니라."

큰 서원을 버리지 않는다는 것은 보살행을 닦는다는 뜻이고, 진실하지 않음도 아니라는 것은 진실하다는 뜻이다.

보살은 경우와 상황에 맞춰서 보살행을 닦기도 하고 닦지 않기도 하며, 진실하기도 하고 진실하지 않기도 하다.

수 상 행 일 체 불 법　　이 능 판 일 체 세 간 사
雖常行一切佛法이나 **而能辦一切世間事**하며

불 수 세 간 류　　역 부 주 법 류
不隨世間流하고 **亦不住法流**하나니라

"비록 일체 부처님의 법을 항상 행하면서도 능히 모든 세간의 일을 행하며, 세간의 흐름을 따르지도 않으면서 법의 흐름에 머물지도 않느니라."

보살은 일체 불법을 항상 행하지만 또한 일체 세상사를 능히 행한다. 예컨대 세상사를 행하면 불법을 행하지 않아야 하고 불법을 행하면 세상사를 행하지 않아야 한다고 하겠으나 한쪽으로 치우치지 않은 원융한 보살은 불법과 세상사를 다 행하고 다 행하지 아니한다. 세간의 흐름을 따르는 일이나 불법의 흐름에 머무르는 일도 역시 그와 같이 한다. 세상사와 불법을 함께 부정하게 되면 다 같이 부정하고 세

상사와 불법을 함께 긍정하게 되면 다 같이 긍정한다. 이것이 일체 존재의 실상을 바로 아는 보살의 삶이다.

2) 비유로써 밝히다

<ruby>譬<rt>비</rt></ruby><ruby>如<rt>여</rt></ruby><ruby>日<rt>일</rt></ruby><ruby>月<rt>월</rt></ruby><ruby>男<rt>남</rt></ruby><ruby>子<rt>자</rt></ruby><ruby>女<rt>여</rt></ruby><ruby>人<rt>인</rt></ruby><ruby>舍<rt>사</rt></ruby><ruby>宅<rt>택</rt></ruby><ruby>山<rt>산</rt></ruby><ruby>林<rt>림</rt></ruby><ruby>河<rt>하</rt></ruby><ruby>泉<rt>천</rt></ruby><ruby>等<rt>등</rt></ruby><ruby>物<rt>물</rt></ruby>이 <ruby>於<rt>어</rt></ruby>

<ruby>油<rt>유</rt></ruby><ruby>於<rt>어</rt></ruby><ruby>水<rt>수</rt></ruby>와 <ruby>於<rt>어</rt></ruby><ruby>身<rt>신</rt></ruby><ruby>於<rt>어</rt></ruby><ruby>寶<rt>보</rt></ruby>와 <ruby>於<rt>어</rt></ruby><ruby>明<rt>명</rt></ruby><ruby>鏡<rt>경</rt></ruby><ruby>等<rt>등</rt></ruby><ruby>淸<rt>청</rt></ruby><ruby>淨<rt>정</rt></ruby><ruby>物<rt>물</rt></ruby><ruby>中<rt>중</rt></ruby>에 <ruby>而<rt>이</rt></ruby><ruby>現<rt>현</rt></ruby>

<ruby>其<rt>기</rt></ruby><ruby>影<rt>영</rt></ruby>이나 <ruby>影<rt>영</rt></ruby><ruby>與<rt>여</rt></ruby><ruby>油<rt>유</rt></ruby><ruby>等<rt>등</rt></ruby>이 <ruby>非<rt>비</rt></ruby><ruby>一<rt>일</rt></ruby><ruby>非<rt>비</rt></ruby><ruby>異<rt>이</rt></ruby>며 <ruby>非<rt>비</rt></ruby><ruby>離<rt>이</rt></ruby><ruby>非<rt>비</rt></ruby><ruby>合<rt>합</rt></ruby>이라

"비유하자면 해와 달과 남자와 여인과 집과 산과 숲과 강과 샘물 등이 기름에나 물에나 몸에나 보배에나 밝은 거울 등의 깨끗한 물상에 그림자를 나타내지마는, 그림자가 기름 등과 하나도 아니고 다르지도 않으며, 떠남도 아니고 합함도 아니니라."

이 비유는 어떤 사물의 그림자가 거울에 나타나지만 그 그림자와 거울은 하나도 아니고 다른 것도 아니며, 떨어진 것도 아니고 합한 것도 아니라는 내용이다.

어천류중　역불표도　　어지정내　역불침
於川流中에 亦不漂度하며 於池井內에 亦不沈

몰　　수현기중　　무소염착
没하야 **雖現其中**이나 **無所染着**이어늘

"강물에 흘러 건너가지도 않고 못 속에 빠지지도 않
으며, 비록 그 속에 나타나면서 물들지 않느니라."

거울 속에 나타난 그림자 강물은 흘러 건너가지도 않고
그림자 못 속에 빠지지도 않는다. 그림자이기 때문이다.

연제중생　　지어차처　　유시영현　　역지피
然諸衆生이 **知於此處**에 **有是影現**하고 **亦知彼**

처　　무여시영　　　원물근물　　수개영현　　영
處에 **無如是影**하나니 **遠物近物**이 **雖皆影現**이나 **影**

불수물　　　이유근원
不隨物하야 **而有近遠**인달하야

"그러나 모든 중생들은 여기에는 이 그림자가 나타나 있다 하고, 또한 저기에는 이러한 그림자가 없다고 아나니, 먼 데 물상과 가까운 데 물상이 비록 다 그림자가 나타나지마는 그림자는 물상을 따라 멀거나 가깝지 않으니라."

거울에 비친 그림자는 멀리 있는 물건이나 가까이 있는 물건이나 다 나타난다. 1밀리미터도 안 되는 얇은 거울 안에 다 나타난다. 어찌 멀다 하고 가깝다 하겠는가. 이와 같이 일체 법은 그림자와 같다.

菩薩摩訶薩도 亦復如是하야 能知自身과 及以
他身이 一切皆是智之境界하야 不作二解하야 謂
自他別이나 而於自國土와 於他國土에 各各差別
하야 一時普現하며

"보살마하살도 또한 그와 같아서 내 몸이나 다른 이의 몸이나 모든 것이 다 지혜의 경계임을 알아서 두 가지 해석을 하여 나와 남이 다르다고 하지 않지마는 자기의 국토와 다른 이의 국토에 각각 차별하게 일시에 나타나느니라."

보살은 일체 법을 그림자와 같이 알기 때문에 자기의 몸이나 다른 이의 몸을 모두 지혜의 경계라고 알아서 두 가지 해석을 하여 나와 남이 다르다고 하지 않는다. 즉 하나의 그림자라고만 알고 있다. 몸이 그러하듯이 국토도 또한 그와 같다.

여 종 자 중　　무 유 근 아 경 절 지 엽　　이 능 생 기
如種子中에 **無有根芽莖節枝葉**호대 **而能生起**
여 시 등 사
如是等事인달하야

"마치 씨앗 속에는 뿌리와 싹과 줄기와 마디와 가지와 잎이 없지마는 그런 것들을 능히 내는 것과 같으니라."

꽃씨 속에는 뿌리와 싹과 줄기와 마디와 가지와 잎과 나비와 벌과 푸른 하늘까지 어느 것 하나도 없다. 그러나 그 모든 것을 이미 다 가지고 있다. 한국에는 이와 같은 무진연기無盡緣起의 이치를 잘 표현한 '국화 옆에서'라는 서정주 선생의 시가 있다.

국화 옆에서

서정주

한 송이의 국화꽃을 피우기 위해
봄부터 소쩍새는
그렇게 울었나 보다

한 송이의 국화꽃을 피우기 위해
천둥은 먹구름 속에서
또 그렇게 울었나 보다

그립고 아쉬움에 가슴 조이던

머언 먼 젊음의 뒤안길에서

인제는 돌아와 거울 앞에 선

내 누님같이 생긴 꽃이여

노오란 네 꽃잎이 피려고

간밤엔 무서리가 저리 내리고

내게는 잠도 오지 않았나 보다

보 살 마 하 살　　역 부 여 시　　어 무 이 법 중　　분
菩薩摩訶薩도 亦復如是하야 於無二法中에 分

별 이 상　　선 교 방 편　　통 달 무 애　　시 명 보
別二相하야 善巧方便으로 通達無礙하나니 是名菩

살 마 하 살　　제 팔 여 영 인
薩摩訶薩의 第八如影忍이니라

"보살마하살도 또한 그와 같아서 둘이 없는 법에서
두 가지 모양을 분별하며 교묘한 방편으로 통달하여 걸
림이 없느니라. 이것을 보살마하살의 제8 그림자 같은

인이라 하느니라.”

일체 법이 그림자와 같다는 사실에서 보살이 둘이 없는 법에서 두 가지 모양을 분별하며 교묘한 방편으로 통달하여 걸림이 없음을 나타낸다.

3) 여영인如影忍의 과果를 밝히다

보살마하살 성취차인 수불왕예시방국
菩薩摩訶薩이 成就此忍에 雖不往詣十方國

토 이능보현일체불찰 역불리차 역부
土나 而能普現一切佛刹하야 亦不離此하며 亦不

도피
到彼하고

“보살마하살이 이 인을 성취하면, 비록 시방국토에 가지 않더라도 일체 세계에 널리 나타나되 또한 여기를 떠나지도 않고 또한 저기에 이르지도 않느니라.”

그림자와 같은 인을 성취한 결과를 밝힌 내용이다. 자신의 지혜가 곧 그림자의 공능과 같아서 시방국토에서 오고 감이 없이 일체 세계에 다 나타난다.

여영보현　　소행무애　　영제중생　　　견차
如影普現하야 **所行無礙**하야 **令諸衆生**으로 **見差**

별신　　동어세간견실지상　　　연차차별　　즉비
別身이 **同於世間堅實之相**이나 **然此差別**이 **卽非**

차별　　별여불별　　무소장애
差別이라 **別與不別**이 **無所障礙**하나니

"그림자가 두루 나타나듯이 간 데마다 걸림이 없으며, 모든 중생들로 하여금 차별한 몸이 세간의 굳고 진실한 모양과 같음을 보게 하지마는, 그러나 이 차별도 곧 차별이 아니니 차별과 차별 아닌 것이 장애가 없느니라."

중생에게는 몸도 세간도 이와 같이 확실하게 모양을 가지고 차별하게 나타나지만 실로는 그림자인 까닭에 저와 같

이 차별한 것이 곧 차별이 아니다. 그러므로 차별과 차별이 아닌 것이 장애가 없다. 그림자의 높고 낮음과 옳고 그름과 남녀노소의 차별을 따진들 무엇하겠는가. 또한 세상에 어떤 바보가 그림자를 가지고 남녀노소를 따지겠는가.

차보살   종어여래종성이생   신어급의
此菩薩이 從於如來種性而生하야 身語及意가

청정무애   고능획득무변색상청정지신
淸淨無礙일새 故能獲得無邊色相淸淨之身이니라

"이 보살은 여래의 종성으로부터 나서 몸과 말과 뜻이 청정하여 걸림이 없으므로 능히 그지없는 몸매와 청정한 몸을 얻느니라."

보살은 그림자와 같은 인을 성취하였으므로 여래의 종성으로부터 나서 몸과 말과 뜻이 청정하여 걸림 없으며 그지없는 몸매와 청정한 몸을 얻었다. 이것이 그림자와 같은 인을 성취한 공과功果이다.

10. 여화인如化忍

1) 세상이 모두 허깨비와 같다

<ruby>佛子<rt>불 자</rt></ruby>야 <ruby>云何爲菩薩摩訶薩<rt>운 하 위 보 살 마 하 살</rt></ruby>의 <ruby>如化忍<rt>여 화 인</rt></ruby>고 <ruby>佛子<rt>불 자</rt></ruby>야

<ruby>此菩薩摩訶薩<rt>차 보 살 마 하 살</rt></ruby>이 <ruby>知一切世間<rt>지 일 체 세 간</rt></ruby>이 <ruby>皆悉如化<rt>개 실 여 화</rt></ruby>하나니

"불자여, 어떤 것을 보살마하살의 허깨비 같은 인[如化忍]이라 하는가. 불자여, 이 보살마하살은 일체 세간이 모두 다 허깨비와 같음을 아느니라."

허깨비[化]란 사람의 기氣가 허하여 착각이 일어나서 실체는 없는데 있는 것처럼 보이고, 또는 사실과 다른 것처럼 보이는 물체를 말한다. 보살은 세상만사를 다 이와 같은 허깨비처럼 보고 안다. 그림자에 속지 말고 허깨비에 속지 말아야 진실을 보고 알게 된다.

소위 일체 중생 의 업 화　　각 상 소 기 고　　일 체
所謂一切衆生意業化니 **覺想所起故**며 **一切**

세 간 제 행 화　　분 별 소 기 고　　일 체 고 락 전 도 화
世間諸行化니 **分別所起故**며 **一切苦樂顚倒化**니

망 취 소 기 고　　일 체 세 간 불 실 법 화　　언 설 소 현 고
妄取所起故며 **一切世間不實法化**니 **言說所現故**며

일 체 번 뇌 분 별 화　　상 념 소 기 고
一切煩惱分別化니 **想念所起故**며

"이른바 일체 중생의 뜻으로 짓는 업이 허깨비이니 지각하는 생각으로 생긴 까닭이며, 일체 세간의 모든 행行이 허깨비이니 분별로 생긴 까닭이며, 모든 괴로움과 즐거움이 뒤바뀐 것이 허깨비이니 허망한 고집으로 생긴 까닭이며, 일체 세간의 진실하지 아니한 법이 허깨비이니 언설로 나타난 까닭이며, 일체 번뇌로 분별함이 허깨비이니 생각으로 생긴 까닭이니라."

일체 중생의 뜻으로 짓는 업은 지각하는 생각으로 생긴

까닭에 허깨비라 한다. 일체 세간의 모든 행行은 분별로 생긴 까닭에 허깨비라 한다. 모든 괴로움과 즐거움이 뒤바뀐 것[顚倒]은 허망한 고집으로 생긴 까닭에 허깨비라 한다. 일체 세간의 진실하지 아니한 법은 모두 말로 이야기함으로 생긴 것이라서 허깨비라 한다. 일체 번뇌로 분별함은 생각으로 생긴 것이라서 허깨비라 한다. 그 무엇도 진실한 모양이 아니므로 허깨비라 한다.

　　부유청정조복화　　무분별소현고　　어삼세
　　復有淸淨調伏化하니 **無分別所現故**며 **於三世**

부전화　무생평등고　　보살원력화　광대수행
不轉化니 **無生平等故**며 **菩薩願力化**니 **廣大修行**

고　여래대비화　방편시현고　전법륜방편화
故며 **如來大悲化**니 **方便示現故**며 **轉法輪方便化**

　　지혜무외변재소설고
니 **智慧無畏辯才所說故**니라

"또 청정하게 조복함이 허깨비이니 분별없이 나타나는 까닭이며, 삼세에 변하지 않음이 허깨비이니 생멸이

없이 평등한 까닭이며, 보살의 원력이 허깨비이니 광대
하게 수행하는 까닭이며, 여래의 큰 자비가 허깨비이니
방편으로 나타내 보이는 까닭이며, 법륜을 굴리는 방편
이 허깨비이니 지혜와 두려움 없음과 변재로 설하는 까
닭이니라."

심지어 삼세에 변하지 않음과 보살의 원력과 여래의 큰 자
비와 법륜을 굴리는 방편까지 모두 허깨비이다. 보살이 허깨
비와 같은 진리[忍]를 성취하면 그 안목과 견해가 이와 같다.
천하에 어느 누가 삼세에 변하지 않음과 보살의 원력과 여래
의 큰 자비와 법륜을 굴리는 방편까지 허깨비라고 보겠는가.

보살   여시요지세간출세간화   현증지
菩薩이 如是了知世間出世間化하야 現證知하며

광대지   무변지   여사지   자재지   진실
廣大知하며 無邊知하며 如事知하며 自在知하며 眞實

지   비허망견   소능경동   수세소행   역
知하야 非虛妄見의 所能傾動이라 隨世所行호대 亦

불 실 괴
不失壞하나니라

"보살이 이와 같이 세간과 출세간이 허깨비인 줄을
아나니, 눈앞에 증명하여 알고, 광대하게 알고, 그지없
이 알고, 사실대로 알고, 자유롭게 알고, 진실하게 알아
서 허망한 소견으로는 흔들 수 없으며 세상을 따라서
행하여도 또한 잘못되지 않느니라."

　보살은 이와 같이 세간의 일은 말할 것도 없으려니와 출
세간의 일까지 허깨비인 줄을 안다. 눈앞에 증명하여 알고,
광대하게 알고, 그지없이 알고, 사실대로 알고, 자유롭게 알
고, 진실하게 알고, 매우 확실하게 안다.

2) 비유로써 밝히다

비 여 화　부 종 심 기　부 종 심 법 기　부 종 업 기
譬如化가 **不從心起**며 **不從心法起**며 **不從業起**며

불수과보 비세간생 비세간멸 불가수축
不受果報이며 **非世間生**이며 **非世間滅**이며 **不可隨逐**

불가람촉 비구주 비수유주 비행세간
이며 **不可攬觸**이며 **非久住**며 **非須臾住**며 **非行世間**

비리세간 부전계일방 불보속제방
이며 **非離世間**이며 **不專繫一方**이며 **不普屬諸方**이며

비유량 비무량
非有量이며 **非無量**이며

"비유컨대 허깨비는 마음으로 생긴 것도 아니고 마음의 법으로 생긴 것도 아니며, 업으로 생긴 것도 아니고 과보를 받는 것도 아니며, 세간에 나는 것도 아니고 세간에서 사라지는 것도 아니며, 따라갈 수도 없고 끌어올 수도 없으며, 오래 머무는 것도 아니고 잠깐 있는 것도 아니며, 세간을 다니지도 않고 세간을 떠나지도 않으며, 한 곳에 얽매이지도 않고 여러 곳에 속하지도 않으며, 한량 있는 것도 아니고 한량없는 것도 아니니라."

불염불식 비불염식 비범비성 비염
不厭不息이며 **非不厭息**이며 **非凡非聖**이며 **非染**

비정　　비생 비사　　비 지 비 우　　비 견 비 불 견
非淨이며 非生非死며 非智非愚며 非見非不見이며

비 의 세 간　　　비 입 법 계　　비 힐 혜　　비 지 둔　　비
非依世間이며 非入法界며 非黠慧며 非遲鈍이며 非

취 비 불 취　　비 생 사 비 열 반　　비 유 비 무 유
取非不取며 非生死非涅槃이며 非有非無有인달하니라

"싫지도 않고 쉬지도 않고 싫어 쉬지 않는 것도 아
니며, 범부도 아니고 성인도 아니며, 물들지도 않고 깨
끗하지도 않으며, 나지도 않고 죽지도 않으며, 지혜롭
지도 않고 어리석지도 않으며, 보는 것도 아니고 보지
못함도 아니며, 세간에 의지함도 아니고 법계法界에 들
어감도 아니며, 영리하지도 않고 우둔하지도 않으며,
가짐도 아니고 가지지 않음도 아니며, 생사도 아니고
열반도 아니며, 있는 것도 아니고 있지 않은 것도 아니
니라."

허깨비의 속성을 여러 가지를 들어 밝혔다. 허깨비는 오
직 허깨비일 뿐이다. 허깨비에 무슨 실다운 것들을 가져다
붙이겠는가. 이 비유에서 든 일체 성질을 허깨비와 같이 알

아야 한다는 뜻을 드러내고 있다.

3) 법과 비유를 합하여 밝히다

菩薩_도 如是_{하야} 善巧方便_{으로} 行於世間_{하야} 修

菩薩道_{하야} 了知世法_{하야} 分身化往_{호대} 不着世間

_{하고} 不取自身_{하야} 於世於身_에 無所分別_{하며} 不住

世間_{하고} 不離世間_{하며} 不住於法_{하고} 不離於法_{하야}

"보살도 이와 같은 교묘한 방편으로 세간을 다니면
서 보살의 도를 닦아서 세간의 법을 분명히 알고, 몸을
나누어 변화하여 가지마는 세간에 집착하지도 않고, 자
기의 몸을 취하지도 않으며, 세간과 몸에 대하여 분별
이 없으며, 세간에 머물지도 않고 세간을 떠나지도 않
으며, 법에 머물지도 않고 법을 여의지도 않느니라."

허깨비의 비유에서 밝힌 것과 같이 보살도 이와 같은 교묘한 방편으로 세간을 다니면서 보살의 도를 닦아서 세간의 법을 분명히 알고, 몸을 나누어 변화하여 가지마는 세간에 집착하지도 않고, 자기의 몸을 취하지도 않으며, 세간과 몸에 대하여 분별이 없다.

이 본 원 고　　불 기 사 일 중 생 계　　　부 조 복 소 중
以本願故로 **不棄捨一衆生界**하며 **不調伏少衆**

생 계　　　불 분 별 법　　　비 불 분 별　　　지 제 법 성
生界하며 **不分別法**호대 **非不分別**이며 **知諸法性**이

무 래 무 거　　　수 무 소 유　　이 만 족 불 법　　　요 법 여
無來無去하야 **雖無所有**나 **而滿足佛法**하며 **了法如**

화　　　비 유 비 무
化하야 **非有非無**니라

"본래의 서원이 있으므로 한 중생세계를 버리지도 않고 조그만 중생세계를 조복하지도 않으며, 법을 분별하지도 않고 분별하지 않음도 아니며, 모든 법의 성품이 오는 일도 없고 가는 일도 없음을 아느니라. 비록 있는

것이 없으나 불법을 만족하며, 법이 허깨비와 같아서 있는 것도 아니고 없는 것도 아님을 아느니라."

보살의 의무와 서원은 일체 중생을 조복하고 교화하는 일이다. 그러므로 본래의 서원이 있으므로 한 중생세계를 버리지 않는다. 그러나 또한 조그만 중생세계도 조복하지 않는다. 중생을 조복하는 바가 없다. 법을 분별하지도 않고 분별하지 않음도 아니다. 이 또한 양변에 치우치지 않는 보살의 중도행이다.

불자 보살마하살 여시안주여화인시 실
佛子야 菩薩摩訶薩이 如是安住如化忍時에 悉
능 만 족 일 체 제 불 보 리 지 도   이 익 중 생   시
能滿足一切諸佛菩提之道하야 利益衆生하나니 是
명 보 살 마 하 살   제 구 여 화 인
名菩薩摩訶薩의 第九如化忍이니라

"불자여, 보살마하살이 이와 같이 허깨비 같은 인에 머물렀을 적에 일체 모든 부처님의 보리도菩提道를 다 능

히 만족하여 중생을 이익되게 하나니, 이것을 보살마하살의 제9 허깨비 같은 인이라 하느니라."

보살이 일체 모든 부처님의 보리도菩提道를 다 능히 만족하여 중생을 이익되게 한다. 보리도란 불도佛道며 불심佛心이며 중도의 삶이다. 이와 같은 것을 다 능히 만족하게 한다.

4) 여화인如化忍의 과果를 밝히다

보살 마하 살　　성취 차 인　　범 유 소 작　실 동
菩薩摩訶薩이 成就此忍하면 凡有所作이 悉同

어 화　　　비 여 화 토　　어 일 체 불 찰　무 소 의 주
於化하나니 譬如化土하야 於一切佛刹에 無所依住

　어 일 체 세 간　무 소 취 착　　어 일 체 불 법　불
하며 於一切世間에 無所取着하며 於一切佛法에 不

생 분 별　　이 취 불 보 리　무 유 해 권　수 보 살
生分別호대 而趣佛菩提하야 無有懈倦하며 修菩薩

행　　이 제 전 도
行하야 離諸顚倒하며

"보살마하살이 이 인을 성취하면 하는 일이 모두 허깨비와 같나니, 비유하면 마치 변화하여 생긴 국토와 같아서 일체 세계에 의지하여 머무름이 없고, 일체 세간에 집착함이 없고, 일체 불법에 분별을 내지 않으면서도 부처님 보리에 나아가기를 게을리하지 아니하고, 보살의 행을 닦아 모든 뒤바뀜을 여의느니라."

허깨비와 같은 인을 성취했을 때 얻는 공과功果를 밝혔다. 마치 허깨비처럼 변화하여 생긴 국토는 실체가 없으므로 의지할 바가 없다. 또 일체 세간에 집착할 바도 없다. 그러나 보살은 일체 불법에 분별을 내지 않으면서도 부처님 보리에 나아가기를 게을리하지 아니하고 보살의 행을 닦는다.

수무유신　　　이현일체신　　　수무소주　　　이
雖無有身이나 而現一切身하며 雖無所住나 而

주중국토　　　수무유색　　　이보현중색　　　수불
住衆國土하며 雖無有色이나 而普現衆色하며 雖不

착 실 제　　이 명 조 법 성 평 등 원 만
着實際나 而明照法性平等圓滿이니라

"비록 몸이 없으나 온갖 몸을 나타내고, 비록 머무는 데가 없으나 여러 국토에 머물며, 비록 색상이 없으나 여러 색상을 나타내며, 실상實相의 경계에 집착하지 않으면서도 법의 성품을 밝게 비추어 평등하고 원만케 하느니라."

보살이 허깨비와 같은 진리를 성취하여 모든 것에 자유자재하다. 즉 몸이 없으면서 일체 몸을 나타내고, 머무는 데가 없으면서 온갖 국토에 다 머문다. 색상이 없으면서 온갖 색상을 널리 나타낸다. 실상의 경계에 집착하지 않으면서 법의 성품을 밝게 비추어 평등하고 원만하게 한다. 보살은 이와 같이 자유자재한 중도의 작용을 펼쳐 보인다.

불 자　　차 보 살 마 하 살　　어 일 체 법　　무 소 의 지
佛子야 此菩薩摩訶薩이 於一切法에 無所依止

　　　명 해 탈 자　　일 체 과 실　　실 개 사 리　　　명 조 복
일새 名解脫者며 一切過失을 悉皆捨離일새 名調伏

자 부동부전 보입일체여래중회 명신통
者며 不動不轉하고 普入一切如來衆會일새 名神通

자 어무생법 이득선교 명무퇴자 구일
者며 於無生法에 已得善巧일새 名無退者며 具一

체력 수미철위 불능위장 명무애 자
切力하야 須彌鐵圍가 不能爲障일새 名無礙者니라

"불자여, 이 보살마하살이 일체 법에 의지함이 없으
므로 해탈한 이라 하고, 모든 과실을 다 버렸으므로 조
복받은 이라 하고, 동動하지도 않고 옮기지도 않으면서
모든 여래의 대중 속에 두루 들어가므로 신통한 이라
하고, 생사 없는 법에 교묘함을 얻었으므로 물러남이
없는 이라 하고, 온갖 힘을 갖추어 수미산과 철위산이
장애하지 못하므로 걸림 없는 이라 하느니라."

보살이 허깨비와 같은 진리를 성취하면 온갖 이름으로 그
덕을 찬탄하여 부른다. 해탈한 사람, 조복받은 사람, 신통
한 사람, 물러나지 않는 사람, 걸림이 없는 사람 등이다.

11. 여공인如空忍

1) 일체 법이 허공과 같다

불자야 운하위보살마하살의 여공인고 불자야
佛子야 云何爲菩薩摩訶薩의 如空忍고 佛子야

차보살마하살이 요일체법계가 유여허공이니 이
此菩薩摩訶薩이 了一切法界가 猶如虛空이니 以

무상고며 일체세계가 유여허공이니 이무기고며
無相故며 一切世界가 猶如虛空이니 以無起故며

"불자여, 어떤 것을 보살마하살의 허공과 같은 인[如
空忍]이라 하는가. 불자여, 이 보살마하살이 일체 법계가
허공과 같음을 아나니 모양이 없는 까닭이며, 일체 세
계가 허공과 같으니 일어남이 없는 까닭이니라."

허공과 같은 인은 그야말로 일체 법의 속성이 허공과 같

음을 설명한다. 일체 법계가 모양이 없는 허공과 같다. 또 일체 세계가 일어남이 없는 허공과 같다. 허공은 허깨비, 그림자, 메아리, 꿈, 환술 등과 더불어 일체 법의 현상을 밝히는 데 가장 많이 거론되는 비유이다.

일체법　유여허공　이무이고　일체중생
一切法이 猶如虛空이니 以無二故며 一切衆生

행　유여허공　무소행고　일체불　유여허
行이 猶如虛空이니 無所行故며 一切佛이 猶如虛

공　무분별고　일체불력　유여허공　무차
空이니 無分別故며 一切佛力이 猶如虛空이니 無差

별고
別故며

"일체 법이 허공과 같으니 둘이 없는 까닭이며, 일체 중생의 행行이 허공과 같으니 행할 바가 없는 까닭이며, 일체 부처님이 허공과 같으니 분별이 없는 까닭이며, 일체 부처님의 힘이 허공과 같으니 차별이 없는 까닭이니라."

일체 선정　유여허공　삼제평등고　소설
一切禪定이 猶如虛空이니 三際平等故며 所說

일체법　유여허공　불가언설고　일체불신
一切法이 猶如虛空이니 不可言說故며 一切佛身이

유여허공　무착무애고　보살　여시이여허
猶如虛空이니 無着無礙故며 菩薩이 如是以如虛

공방편　요일체법　개무소유
空方便으로 了一切法이 皆無所有니라

"일체 선정이 허공과 같으니 세 시절[三世]이 평등한
까닭이며, 일체 법을 설함이 허공과 같으니 말할 수 없
는 까닭이며, 일체 부처님의 몸이 허공과 같으니 집착이
없고 걸림이 없는 까닭이니라. 보살이 이와 같이 허공과
같은 방편으로 일체 법이 모두 없는 줄을 아느니라."

일체 법계와 일체 세계와 일체 법과 일체 중생의 행과 일
체 부처님과 일체 부처님의 힘과 일체 선정과 설한 바의 일체
법과 일체 부처님의 몸까지 모두 허공과 같음을 들어 설명하
였다. 그래서 보살이 이와 같이 허공과 같은 방편으로 일체
법이 모두 없는 줄을 안다고 하였다.

불자 보살마하살 이여허공인지 요일체
佛子야 **菩薩摩訶薩**이 **以如虛空忍智**로 **了一切**

법시 득여허공신신업 득여허공어어업
法時에 **得如虛空身身業**하며 **得如虛空語語業**하며

득여허공의의업
得如虛空意意業하나니라

"불자여, 보살마하살이 허공과 같은 인의 지혜로 일
체 법을 알 때에 허공과 같은 몸과 몸으로 짓는 업을 얻
으며, 허공과 같은 말과 말로 짓는 업을 얻으며, 허공과
같은 뜻과 뜻으로 짓는 업을 얻느니라."

보살이 허공과 같은 인의 지혜로 일체 법을 알 때에 신구
의身口意와 신구의로 짓는 업이 모두 허공과 같음을 얻는다.
예컨대 일체 존재를 마음으로 인식하면 그 일체 존재는 모두
마음인 것과 같다. 비유하자면 가죽으로 된 장갑을 끼고 사
물을 만지면 만지는 사물은 무엇이든 모두 가죽장갑인 것과
같다. 금을 만져도 금을 만지는 것이 아니라 손에는 가죽장
갑만 느껴질 뿐인 것과 같다. 이처럼 보살은 허공과 같은 인
을 얻었으므로 일체 법을 허공과 같이 안다.

2) 비유로써 밝히다

비여허공　　　일체법의　　　불생불몰　　　　보살
譬如虛空에　一切法依라　不生不歿인달하야　菩薩

마하살　　　역부여시　　　일체법신　　　불생불몰
摩訶薩도　亦復如是하야　一切法身이　不生不歿하며

"비유하자면 마치 허공에 일체 법이 의지하지마는
나지도 않고 사라지지도 않듯이, 보살마하살도 또한 그
와 같아서 온갖 법의 몸이 나지도 않고 사라지지도 않
느니라."

허공을 비유로 들어 보살의 법에 대한 것을 낱낱이 밝혔
다. 먼저 보살의 일체 법신은 불생불멸한다. 마치 허공이 불
생불멸하는 것과 같다.

비여허공　　　불가파괴　　　　보살마하살　　　역
譬如虛空이　不可破壞인달하야　菩薩摩訶薩도　亦

부여시　　　지혜제력　　　불가파괴
復如是하야　智慧諸力을　不可破壞하며

"비유하자면 마치 허공을 깨뜨릴 수 없듯이, 보살마하살도 또한 그와 같아서 지혜의 모든 힘을 깨뜨릴 수 없느니라."

또 허공과 같은 인을 얻은 보살의 지혜의 모든 힘을 파괴할 수 없다. 마치 허공을 파괴할 수 없는 것과 같다.

譬如虛空이 一切世間之所依止_{로대} 而無所依

菩薩摩訶薩_도 亦復如是_{하야} 一切諸法之

所依止_{로대} 而無所依_{하며}

"비유하자면 마치 허공이 일체 세간의 의지가 되면서도 의지할 바가 없듯이, 보살마하살도 또한 그와 같아서 일체 법의 의지가 되면서도 의지할 바가 없느니라."

일체 모든 법은 보살에게 의지하는 바가 되지만 허공과

같은 인을 얻은 보살은 의지하는 바가 없다. 마치 일체 세간은 허공을 의지하지만 허공은 의지하는 바가 없는 것과 같다.

비여허공 무생무멸 능지일체세간생멸
譬如虛空이 無生無滅호대 能持一切世間生滅

보살마하살 역부여시 무향무득
인달하야 菩薩摩訶薩도 亦復如是하야 無向無得호대

능시향득 보사세간 수행청정
能示向得하야 普使世間으로 修行淸淨하며

"비유하자면 마치 허공이 나지도 않고 사라지지도 않으나 일체 세간의 나고 없어짐을 유지하듯이, 보살마하살도 또한 그와 같아서 향向함도 없고 얻음도 없으나 향하고 얻음을 보이어 세간으로 하여금 수행을 청정케 하느니라."

보살은 보살의 지위를 향해서 수행하고 그 지위를 하나 하나 얻어 나간다. 실은 그와 같은 것이 없지만 군이 그와 같은 향함과 얻음을 세간에 보여서 수행을 훌륭하게 한다. 허공은 나고 없어짐이 없지만 세상사 일체는 모두 나고 없어짐이 있는 것과 같다.

비여허공　무방무우　　이능현현무변방우
譬如虛空이 無方無隅호대 而能顯現無邊方隅

　　　　보살마하살　역부여시　　무업무보
인달하야 菩薩摩訶薩도 亦復如是하야 無業無報호대

이능현시종종업보
而能顯示種種業報하며

"비유하자면 마치 허공이 방위도 없고 모퉁이도 없으나 그지없는 방위와 모퉁이를 나타내듯이, 보살마하살도 또한 그와 같아서 업도 없고 과보도 없으나 갖가지 업과 과보를 나타내느니라."

허공과 같은 인을 얻은 보살은 업도 없고 과보도 없으나 갖가지 업과 과보를 나타내 보인다. 마치 허공이 일체 방위나 모퉁이가 없지만 일체 방위나 모퉁이를 정하여 나타내는 것과 같다.

비여허공　　비행비주　　이능시현종종위의
譬如虛空이 非行非住로대 而能示現種種威儀

　　　보살마하살　　역부여시　　비행비주
인달하야 菩薩摩訶薩도 亦復如是하야 非行非住로대

이능분별일체제행
而能分別一切諸行하면

"비유하자면 마치 허공이 다니는 것도 아니고 머무
는 것도 아니나 갖가지 위의威儀를 나타내듯이, 보살마
하살도 또한 그와 같아서 다니는 것도 아니고 머무는
것도 아니나 온갖 행을 능히 분별하느니라."

허공과 같은 인을 얻은 보살은 다니는 것도 아니고 머무
는 것도 아니지만 온갖 행을 능히 분별하여 보인다. 마치 허
공이 다니는 것도 아니고 머무는 것도 아니나 갖가지 위의를
나타내 보이는 것과 같다.

비여허공　　비색비비색　　　이능시현종종
譬如虛空이 **非色非非色**이로대 **而能示現種種**

제색　　　　보살마하살　　역부여시　　　비세간
諸色인달하야 **菩薩摩訶薩**도 **亦復如是**하야 **非世間**

색비출세간색　　　이능시현일체제색
色非出世間色이로대 **而能示現一切諸色**하면

　"비유하자면 마치 허공이 색상도 아니고 색상 아님
도 아니나 가지각색 색상을 나타내듯이, 보살마하살도
또한 그와 같아서 세간의 색상도 아니고 출세간의 색상
도 아니나 온갖 색상을 나타내느니라."

　허공과 같은 인을 얻은 보살은 세간의 모습도 나타내고
출세간의 모습도 나타낸다. 어떤 모습에도 걸림이 없다. 스
스로가 어떤 고정된 모습으로 국한되어 있지 않다.

비여허공　　비구비근　　　이능구주　　　현일
譬如虛空이 **非久非近**이로대 **而能久住**하야 **現一**

체물　　　　보살마하살　　역부여시　　　비구비
切物인달하야 **菩薩摩訶薩**도 **亦復如是**하야 **非久非**

근   이 능 구 주   현 시 보 살   소 행 제 행
近이로대 而能久住하야 顯示菩薩의 所行諸行하며

"비유하자면 마치 허공이 오래지도 않고 가깝지도
않으나 능히 오래 머물러서 모든 물건을 나타내듯이, 보
살마하살도 또한 그와 같아서 오래지도 않고 가깝지도
않으나 능히 오래 머물러서 보살의 행할 바 모든 행을
나타내느니라."

허공과 같은 인을 얻은 보살은 공간적으로도 걸림이 없
지만 시간적으로도 오랜 시간이거나 가까운 시간이라는 제
약을 받지 않으면서 능히 오래 머물러서 보살이 행할 바 모
든 보살행을 나타내 보인다. 허공에 어제 허공과 오늘 허공
이 어찌 따로 있는가. 지난해 허공과 올해 허공이 어찌 따
로 있는가.

비 여 허 공   비 정 비 예   불 리 정 예   보
譬如虛空이 非淨非穢로대 不離淨穢인달하야   菩

살마하살　　역부여시　　비장비무장　　불리
薩摩訶薩도 **亦復如是**하야 **非障非無障**이로대 **不離**

장무장
障無障하며

"비유하자면 마치 허공이 깨끗하지도 않고 더럽지도 않으나 깨끗하고 더러움을 여의지도 않듯이, 보살마하살도 또한 그와 같아서 막힌 것도 아니고 막힘이 없는 것도 아니나 막힘과 막힘이 없음을 여의지도 않느니라."

허공과 같은 인을 얻은 보살은 막히고 막히지 않음이 없다. 허공이 깨끗하고 더러움이 정해져 있는 것이 없는 것과 같다.

비여허공　　일체세간　　개현기전　　비현일
譬如虛空이 **一切世間**은 **皆現其前**호대 **非現一**

체세간지전　　　　보살마하살　　역부여시
切世間之前인달하야 **菩薩摩訶薩**도 **亦復如是**하야

일체제법　　개현기전　　비현일체제법지전
一切諸法이 **皆現其前**호대 **非現一切諸法之前**이며

"비유하자면 마치 허공이 일체 세간이 그 앞에 나타나는 것이고 일체 세간의 앞에 나타나는 것이 아니듯이, 보살마하살도 또한 그와 같아서 모든 법이 그 앞에 나타나고 모든 법의 앞에 나타나지 않느니라."

모든 법이 허공과 같은 인을 얻은 보살 앞에 나타난다. 보살이 모든 법 앞에 나타나는 것이 아니다. 허공과 세간의 관계와 같다.

譬如虛空이 普入一切호대 而無邊際인달하야 菩薩摩訶薩도 亦復如是하야 普入諸法호대 而菩薩心은 無有邊際니라

"비유하자면 마치 허공이 온갖 것에 두루 들어가도 끝이 없듯이, 보살마하살도 또한 그와 같아서 온갖 법에 두루 들어가지마는 보살의 마음은 끝이 없느니라."

보살의 마음은 그 끝이 없다. 그래서 모든 법에 널리 다 들어간다. 마치 허공이 일체 사물에 두루 다 들어가는 것과 같다. 실로 허공은 물속에도 들어가고 바위나 돌 속에도 들어가고 딱딱한 나무토막 속에도 다 들어간다. 허공과 같은 인을 성취한 보살의 지혜를 허공에 비유하여 설함을 마쳤다.

3) 이익을 얻는 까닭을 해석하다

하 이 고　보 살 소 작　여 허 공 고　위 소 유 수 습
何以故오 **菩薩所作**이 **如虛空故**니 **謂所有修習**과

소 유 엄 정　소 유 성 취　개 실 평 등　일 체 일 미
所有嚴淨과 **所有成就**가 **皆悉平等**하야 **一體一味**며

일 종 분 량　여 허 공 청 정　변 일 체 처　여 시
一種分量이라 **如虛空清淨**하야 **偏一切處**하니 **如是**

증 지 일 체 제 법　어 일 체 법　무 유 분 별
證知一切諸法하야 **於一切法**에 **無有分別**하며

"무슨 까닭인가. 보살의 짓는 일이 허공과 같은 까닭

이니, 닦아 익힌 것과 청정하게 장엄한 것과 성취한 것이 모두 평등하여 한 가지 체성體性이며 한 가지 맛이며 한 가지 분량分量이니라. 허공이 텅 비어서[淸淨] 온갖 곳에 두루 한 것과 같이 이와 같이 일체 모든 법을 증득하여 알되 일체 법에 분별이 없느니라."

이익을 얻는 까닭을 해석하였다. 보살이 허공과 같은 인을 성취하므로 그가 하는 일은 무엇이든 허공과 같다. 그래서 닦아 익힌 것과 청정하게 장엄한 것과 성취한 것이 모두 허공처럼 텅 비고 평등하다.

엄 정 일 체 제 불 국 토　　원 만 일 체 무 소 의 신
嚴淨一切諸佛國土하며 圓滿一切無所依身하며

요 일 체 방　　무 유 미 혹　　구 일 체 력　　불 가 최
了一切方하야 無有迷惑하며 具一切力하야 不可摧

괴　　만 족 일 체 무 변 공 덕　　이 도 일 체 심 심 법
壞하며 滿足一切無邊功德하야 已到一切甚深法

처
處하며

"일체 모든 부처님 국토를 청정하게 장엄하며, 일체 의지한 데 없는 몸을 원만하게 하며, 일체 방위를 알아 미혹하지 않으며, 일체 힘을 갖추어 깨뜨릴 수 없으며, 일체 그지없는 공덕을 만족하며, 일체 깊고 깊은 법의 처소에 이미 이르렀느니라."

허공과 같은 인을 성취하므로 일체 모든 부처님 국토를 청정하게 장엄하며, 일체 의지한 데 없는 몸을 원만하게 하며, 일체 방위를 알아 미혹하지 않은 등의 이익을 얻게 된다.

통달 일체 바라밀 도   보 좌 일체 금강 지 좌
通達一切波羅蜜道하야 普坐一切金剛之座하며

보 발 일체 수 류 지 음   위 일체 세 간   전 어 법
普發一切隨類之音하야 爲一切世間하야 轉於法

륜   미 증 실 시   시 명 보 살 마 하 살   제 십 여
輪하야 未曾失時하나니 是名菩薩摩訶薩의 第十如

공 인
空忍이니라

"일체 바라밀다의 길을 통달하며, 일체 금강좌에 두

루 앉으며, 일체 종류를 따르는 음성을 내며, 일체 세간을 위하여 법륜을 굴리어 한 번도 때를 잃지 않나니, 이것을 보살마하살의 제10 허공과 같은 인이라 하느니라."

허공과 같은 인을 성취하므로 일체 바라밀다의 길을 통달하며, 일체 금강좌에 두루 앉는 등의 이익을 얻는다. 여기까지 열 번째 허공과 같은 인을 성취함을 설하여 마쳤다.

4) 20종의 몸 얻음을 밝히다

보살 마 하 살　성 취 차 인　득 무 래 신　이 무
菩薩摩訶薩이 成就此忍에 得無來身이니 以無

거 고　득 무 생 신　이 무 멸 고　득 부 동 신　이
去故며 得無生身이니 以無滅故며 得不動身이니 以

무 괴 고　득 불 실 신　이 허 망 고　득 일 상 신
無壞故며 得不實身이니 離虛妄故며 得一相身이니

이 무 상 고
以無相故며

"보살마하살이 이 인을 성취하면 옴이 없는 몸을 얻

나니 가는 일이 없는 까닭이며, 남[生]이 없는 몸을 얻나니 사라짐이 없는 까닭이며, 동動하지 않는 몸을 얻나니 깨뜨릴 수 없는 까닭이며, 실제 아닌 몸을 얻나니 허망을 여읜 까닭이며, 한 모양인 몸을 얻나니 모양이 없는 까닭이니라."

열 가지 인에 대한 결론으로 보살마하살이 이 열 가지 인을 성취하므로 20종의 몸을 얻게 됨을 낱낱이 밝혔다.

보살이 가는 일이 없는 까닭에 오는 것이 없는 몸을 얻으며, 사라짐이 없는 까닭에 생겨남이 없는 몸을 얻으며, 파괴됨이 없는 까닭에 움직이지 않는 몸을 얻으며, 허망함을 떠난 까닭에 실제가 아닌 몸을 얻으며, 형상이 없는 까닭에 한 모양의 몸을 얻는다.

득무량신　　불력무량고　　득평등신　　동여
得無量身이니 佛力無量故며 得平等身이니 同如

상고　　득무차별신　　등관삼세고　　득지일체
相故며 得無差別身이니 等觀三世故며 得至一切

처신　　정안등조　　무장애고　　득이욕제신
處身이니 **淨眼等照**하야 **無障礙故**며 **得離欲際身**이니

지일체법　무합산고
知一切法이 **無合散故**며

"한량없는 몸을 얻나니 부처님의 힘이 한량이 없는
까닭이며, 평등한 몸을 얻나니 진여의 모양과 같은 까
닭이며, 차별 없는 몸을 얻나니 세 세상을 평등하게 보
는 까닭이며, 온갖 곳에 이르는 몸을 얻나니 깨끗한 눈
으로 평등하게 비추어 장애가 없는 까닭이며, 탐욕의
경계를 여의는 몸을 얻나니 일체 법이 모이고 흩어짐이
없음을 아는 까닭이니라."

또 보살은 부처님의 힘이 한량이 없는 까닭에 한량없는
몸을 얻으며, 진여의 모양과 같은 까닭에 평등한 몸을 얻으
며, 세 세상을 평등하게 보는 까닭에 차별 없는 몸을 얻으
며, 깨끗한 눈으로 평등하게 비추어 장애가 없는 까닭에 온
갖 곳에 이르는 몸을 얻으며, 일체 법이 모이고 흩어짐이 없
음을 아는 까닭에 탐욕의 경계를 여의는 몸을 얻는다.

득 허 공 무 변 제 신　　복 덕 장 무 진　　여 허 공 고
得虛空無邊際身이니 **福德藏無盡**이 **如虛空故**며

득 무 단 무 진 법 성 평 등 변 재 신　　지 일 체 법 상
得無斷無盡法性平等辯才身이니 **知一切法相**이

유 시 일 상　　무 성 위 성　　여 허 공 고
唯是一相이라 **無性爲性**이 **如虛空故**며

"허공처럼 끝이 없는 몸을 얻나니 복덕의 창고가 다함이 없음이 허공과 같은 까닭이며, 끊임없고 다함없는 법의 성품이 평등한 변재의 몸을 얻나니 모든 법의 모양이 오직 한 모양이어서 성품이 없음으로 성품을 삼아 허공과 같음을 아는 까닭이니라."

또 보살은 복덕의 창고가 다함이 없음이 허공과 같은 까닭에 허공처럼 끝이 없는 몸을 얻으며, 모든 법의 모양이 오직 한 모양이어서 성품이 없음으로 성품을 삼아 허공과 같음을 아는 까닭에 끊임없고 다함없는 법의 성품이 평등한 변재의 몸을 얻는다.

득무량무애음성신　　무소장애　　여허공고
得無量無礙音聲身이니 **無所障礙**가 **如虛空故**며

득구족일체선교청정보살행신　　어일체처
得具足一切善巧清淨菩薩行身이니 **於一切處**에

개무장애　　여허공고　　득일체불법해차제상속
皆無障礙가 **如虛空故**며 **得一切佛法海次第相續**

신　　불가단절　　여허공고
身이니 **不可斷絶**이 **如虛空故**며

"한량없고 걸림 없는 음성의 몸을 얻나니 장애가 없
음이 허공과 같은 까닭이며, 모든 교묘함을 구족하여
청정한 보살행의 몸을 얻나니 온갖 곳에서 장애가 없음
이 허공과 같은 까닭이며, 일체 부처님의 법의 바다가
차례로 계속하는 몸을 얻나니 끊을 수 없음이 허공과
같은 까닭이니라."

또 보살은 장애가 없음이 허공과 같은 까닭에 한량없고
걸림 없는 음성의 몸을 얻으며, 온갖 곳에서 장애가 없음이
허공과 같은 까닭에 교묘함을 구족하여 청정한 보살행의 몸
을 얻으며, 끊을 수 없음이 허공과 같은 까닭에 일체 부처님

의 법의 바다가 차례로 계속하는 몸을 얻는다.

득 일 체 불 찰 중 현 무 량 불 찰 신　　　이 제 탐 착
得一切佛刹中現無量佛刹身이니 **離諸貪着**이

여 허 공 무 변 고　　득 시 현 일 체 자 재 법 무 휴 식 신
如虛空無邊故며 **得示現一切自在法無休息身**이니

여 허 공 대 해 무 변 제 고　　득 일 체 불 가 괴 견 고 세
如虛空大海無邊際故며 **得一切不可壞堅固勢**

력 신　　여 허 공　　임 지 일 체 세 간 고
力身이니 **如虛空**이 **任持一切世間故**며

"모든 세계에 한량없는 부처님 세계를 나타내는 몸
을 얻나니 탐욕과 집착을 여의는 것이 허공처럼 그지없
는 까닭이며, 온갖 자재한 법을 나타내어 쉬지 않는 몸
을 얻나니 허공과 같은 큰 바다가 끝이 없는 까닭이며,
일체를 파괴할 수 없는 견고한 세력의 몸을 얻나니 허
공과 같이 일체 세간을 맡아 가지는 까닭이니라."

또 보살은 탐욕과 집착을 여의는 것이 허공처럼 그지없
는 까닭에 모든 세계에 한량없는 부처님 세계를 나타내는

몸을 얻으며, 허공과 같은 큰 바다가 끝이 없는 까닭에 온갖 자재한 법을 나타내어 쉬지 않는 몸을 얻으며, 허공과 같이 일체 세간을 맡아 가지는 까닭에 일체를 파괴할 수 없는 견고한 세력의 몸을 얻는다.

得諸根明利가 如金剛堅固不可壞身이니 如虛
空이 一切劫火가 不能燒故며 得持一切世間力身
이니 智慧力이 如虛空故라 佛子야 是名菩薩摩訶
薩의 十種忍이니라

"모든 근根의 날카로움이 금강金剛과 같이 견고하여 깨뜨릴 수 없는 몸을 얻나니 허공과 같이 모든 겁의 불[劫火]이 태우지 못하는 까닭이며, 일체 세간을 유지하는 힘의 몸을 얻나니 지혜의 힘이 허공과 같은 까닭이니라. 불자여, 이것을 보살마하살의 열 가지 인忍이라 하느니라."

또 보살은 허공과 같이 세계가 무너질 때 일어난다는 겁의 불도 태우지 못하는 까닭에 모든 근의 날카로움이 금강과 같이 견고하여 깨뜨릴 수 없는 몸을 얻으며, 지혜의 힘이 허공과 같은 까닭에 일체 세간을 유지하는 힘의 몸을 얻는다. 여기까지 열 가지 인을 성취하여 20종의 몸을 얻는 내용을 설하였다.

12. 게송으로써 그 뜻을 거듭 밝히다

1) 음성인音聲忍을 게송하다

이 시   보 현 보 살 마 하 살   욕 중 선 기 의   이
爾時에 普賢菩薩摩訶薩이 欲重宣其義하사 而

설 송 언
說頌言하사대

그때에 보현보살마하살이 그 뜻을 거듭 펴려고 게송
으로 설하였습니다.

비 여 세 유 인   문 유 보 장 처
譬如世有人이   聞有寶藏處하고

이 기 가 득 고   심 생 대 환 희
以其可得故로   心生大歡喜하야

비유하면 세상의 어떤 사람이
보배창고가 있음을 듣고는
찾을 수 있다고 해서
마음에 큰 환희를 내도다.

부처님의 가르침을 한마디만 듣고도 "이곳은 무진장의
보물창고다. 이곳은 한량없는 금이 매장되어 있는 금광이
다. 한량없는 다이아몬드의 광맥이다."라고 믿게 된다면 그
기쁨은 형언할 수 없을 것이다.

여 시 대 지 혜　　　　보 살 진 불 자
如是大智慧인　　　**菩薩眞佛子**가

청 문 제 불 법　　　　심 심 적 멸 상
聽聞諸佛法의　　　**甚深寂滅相**이로다

이와 같이 큰 지혜 있는 보살이
참으로 부처님의 아들이라
모든 부처님 법의 깊고도 깊은
적멸한 이치를 듣고 또 듣도다.

부처님의 가르침을 한마디만 듣고도 무진장의 보물창고, 한량없는 금광, 한량없는 다이아몬드의 광맥이라고 믿는 사람이야말로 진정 지혜 있는 사람이다. 진정 보살이다. 진정 참다운 불자다. 그는 불법의 깊고 깊은 적멸의 이치가 큰 즐거움이라는 사실을 알게 될 것이다. 그리고 그 즐거움을 한껏 누릴 것이다.

문 차 심 법 시
聞此深法時에

기 심 득 안 은
其心得安隱하야

불 경 역 불 포
不驚亦不怖하며

역 불 생 공 외
亦不生恐畏로다

이 깊은 법을 들었을 때
그 마음이 편안해지고
놀라지도 않고 무서워하지도 않으며
또한 두려워하지도 않도다.

지혜 있는 보살이 이 깊은 법문을 들었을 때 그 마음은 편안해지리라. 참다운 즐거움을 느끼리라. 놀라거나 무서

워할 일이 뭐가 있겠는가. 그러나 마음이 작은 소심小心 중생 중에는 "나무아미타불"이라는 부처님의 이름을 듣고도 두렵고 겁이 나서 거금을 준다고 해도 부르지 못하는 사람이 있다.

대 사 구 보 리
大士求菩提에   문 사 광 대 음
                   聞斯廣大音하고

심 정 능 감 인
心淨能堪忍하야   어 차 무 의 혹
                   於此無疑惑이로다

큰 보살이 보리를 구할 때에
이 광대한 음성을 듣고
마음이 청정하여 능히 견디고 참아
이 법에 대하여 조금도 의심이 없도다.

광대한 음성이란 귀를 멀게 하는 천둥소리가 아니라 바른 이치의 말씀이다. 깨달음을 구하는 큰 선비 보살은 어떤 고준한 진리의 가르침을 듣는다 해도 마음이 청정하여 능히 견디고 참아 법을 받아들여 조금도 의심이 없다.

자 념 이 문 차
自念以聞此

심 심 미 묘 법
甚深微妙法으로

당 성 일 체 지
當成一切智

인 천 대 도 사
人天大導師로다

스스로 생각하기를,

깊고 깊은 미묘한 법문을 듣고

마땅히 일체 지혜를 이루어

인간과 천상에 큰 도사가 되도다.

큰 선비 보살은 이렇게 생각한다. '심히 깊고 미묘한 법문을 듣고 마땅히 일체 지혜를 성취하여 인간과 천상에 큰 스승이 될 것이다.' 불법을 배우고 열심히 정진하는 것은 첫째 자신의 인격을 향상시키고, 둘째 그 영향력이 널리 퍼져서 세상을 아름답고 향기롭게 만드는 데 그 목적이 있다. 그러므로 불법이 널리 전파되면 이 세상에 육바라밀과 사섭법과 사무량심을 실천하는 보살이 가득하게 될 것이다. 그것이 일체 불보살과 선지식들의 꿈이다.

보 살 문 차 음
菩薩聞此音하고

기 심 대 환 희
其心大歡喜하야

발 생 견 고 의
發生堅固意하야

원 구 제 불 법
願求諸佛法이로다

보살이 이 음성을 듣고

그 마음이 크게 환희하여

견고한 뜻을 내어

모든 부처님 법 구하기를 서원하도다.

탄허(呑虛, 1913~1983)스님은 평소에 신문을 보지 않으셨다. "왜 신문을 보지 않습니까?"라고 하면 "도道가 없는 것을 시간 낭비하면서 왜 보느냐."라고 하셨다. 언제나 묵묵히 계시거나 경전을 읽으시고 번역을 하셨다. 진정한 보살은 진리의 가르침 듣기를 좋아하고 진리의 소리에 큰 환희심을 일으킨다. 또 견고한 뜻을 내어 불법 구하기를 더욱 깊이 서원한다.

이 락 보 리 고
以樂菩提故로

기 심 점 조 복
其心漸調伏하야

영 신 익 증 장
令信益增長하야

어 법 무 위 방
於法無違謗이로다

보리菩提를 좋아하는 까닭에

그 마음은 점점 조복되고

믿음으로 하여금 더욱 증장하게 하여

법을 어기거나 비방하지 않도다.

깨달음을 좋아하고 불심佛心을 좋아하면 다른 마음은 점점 없어진다. 그것이 마음을 조복받는 일이다. 한편 신심이 더욱 증장하고 불법을 어기는 일이 없어진다.

시 고 문 차 음
是故聞此音에

기 심 득 감 인
其心得堪忍하야

안 주 이 부 동
安住而不動하야

수 행 보 살 행
修行菩薩行이로다

그러므로 이러한 말씀을 듣고는

그 마음 참고 견딜 수 있어

편안히 머물러 동하지 않고

보살의 행을 수행하도다.

그러므로 진리의 말씀을 듣고는 그 마음 더욱 견디고 참으며 기다린다. 편안히 머물러 움직이지 않으며 보살행만을 수행한다.

위 구 보 리 고
爲求菩提故로

전 행 향 피 도
專行向彼道하야

정 진 무 퇴 전
精進無退轉하야

불 사 중 선 액
不捨衆善軛이로다

보리를 구하기 위한 까닭에
오로지 저 길을 향해 나아가
정진하고 물러서지 않으며
온갖 선善의 멍에를 버리지 않도다.

보리를 구하기 때문에 오로지 보리의 길만을 향해 나아간다. 그것이 물러서지 않는 정진이다. 보리란 무엇인가. 보살이 중생을 이익하게 하는 온갖 선행의 멍에를 더욱 견고하게 하는 일이다.

이 구 보 리 도
以求菩提道로

기 심 무 공 외
其心無恐畏하야

문 법 증 용 맹
聞法增勇猛하야

공 불 영 환 희
供佛令歡喜로다

보리도를 구하므로

그 마음 두려움 없고

법을 들어 더욱 용맹하며

부처님께 공양하여 환희케 하도다.

깨달음의 길을 구하는 데 무슨 두려움이 있겠는가. 진리
의 가르침을 들으면 더욱 용맹스러워질 뿐이다. 일체 중생과
모든 생명을 부처님으로 받들어 섬기고 공양 공경하여 환희
가 넘칠 뿐이다. 음성인音聲忍을 게송으로 설하여 마쳤다.

2) 순인順忍을 게송하다

여유대복인
如有大福人이

획득진금장
獲得眞金藏에

수신소응복
隨身所應服하야

조작장엄구
造作莊嚴具인달하야

예컨대 큰 복이 있는 사람이

황금의 창고를 얻음에

몸을 꾸미는 데 필요한

장엄거리를 만드는 것과 같도다.

보살역여시
菩薩亦如是하야

문차심심의
聞此甚深義에

사유증지해
思惟增智海하야

이수수순법
以修隨順法이로다

보살도 또한 그와 같아서

깊고 깊은 뜻을 듣고는

생각하고 생각해서 지혜의 바다 증장하여

수순하는 법을 닦도다.

순인順忍이란 모든 이치를 수순하여 아는 인이다. 마치 큰 부자가 황금 창고를 열어 온갖 사치하는 데 필요한 것들을 마음대로 장만하듯이 보살도 또한 깊은 이치의 법문을 듣고는 듣는 대로 사유해서 지혜를 증장하여 수순하는 법을 닦는다. 법을 들으면 그 가르침대로 수순하는 마음에 받아들이고 실천에 옮기는 것이 당연하고 자연스럽게 이루어지는 인이다.

법 유 역 순 지
法有亦順知하며

법 무 역 순 지
法無亦順知하야

수 피 법 여 시
隨彼法如是하야

여 시 지 제 법
如是知諸法이로다

법이 있어도 또한 따라서 알고
법이 없어도 또한 따라서 알며
저 법이 이와 같음을 따라서
이와 같이 모든 법을 알도다.

법이 있든 없든 모두를 수순하여 안다. 일체 존재의 유상

무상과 유형 무형을 낱낱이 거스르지 않고 수순하여 아는 것이다.

성 취 청 정 심　　　명 철 대 환 희
成就清淨心하야　　**明徹大歡喜**하며

지 법 종 연 기　　　용 맹 근 수 습
知法從緣起하야　　**勇猛勤修習**이로다

청정한 마음을 성취하여
분명히 깨닫고 크게 환희하며
모든 법은 인연으로부터 생긴 것임을 알아
용맹하게 부지런히 닦아 익히도다.

색성향미촉법色聲香味觸法 그 어디에도 집착하지 않고 텅 빈 청정한 마음을 성취하여 밝게 사무쳐 크게 환희하면 일체 존재가 모두 인연으로부터 일어나고 사라진다는 사실을 안다. 이 인연의 이치를 잘 알아 인연을 수순하고 인연을 파악하며 다시 좋은 인연을 부지런히 닦고 창조해 가는 것, 그것이 인생을 성공적으로 사는 길이다.

평 등 관 제 법
平等觀諸法하야

요 지 기 자 성
了知其自性하고

불 위 불 법 장
不違佛法藏하야

보 각 일 체 법
普覺一切法이로다

모든 법을 평등하게 보고

그 자체 성품을 분명히 알며

부처님의 법을 어기지 않아

일체 법을 두루 깨닫도다.

모든 법이 평등하다는 것은 일체 법의 공성空性을 말한다. 공성이므로 평등하고 그것이 곧 자체 성품이다. 이와 같이 부처님의 법을 수순하여 일체 법을 널리 깨닫는다.

지 락 상 견 고
志樂常堅固하야

엄 정 불 보 리
嚴淨佛菩提하며

부 동 여 수 미
不動如須彌하야

일 심 구 정 각
一心求正覺이로다

좋아하는 뜻 항상 견고해

부처님의 보리 청정하게 장엄하며
동요하지 않음이 수미산과 같아서
일심으로 바른 깨달음을 구하도다.

보살이 일체 존재에 대한 실상을 깨달아 아는 마음은 언제나 견고하여 끝내 부처님이 이루신 보리를 청정하게 장엄한다. 나아가서 수미산처럼 움직이지 아니하고 일심으로 정각을 구한다.

이 발 정 진 의
以發精進意하고

부 수 삼 매 도
復修三昧道호대

무 량 겁 근 행
無量劫勤行하야

미 증 유 퇴 실
未曾有退失이로다

정진할 뜻을 내어
다시 삼매의 길을 닦되
한량없는 겁 동안 부지런히 수행하여
일찍이 물러나지 않도다.

수순하는 인을 성취한 보살은 삼매를 닦는 일에 끊임없이 정진한다. 한량없는 겁이라 하더라도 일찍이 물러나지 않는다.

보 살 소 입 법
菩薩所入法이

시 불 소 행 처
是佛所行處라

어 차 능 요 지
於此能了知하야

기 심 무 염 태
其心無厭怠로다

보살이 들어간 법은

부처님이 행하시던 곳이라

이것을 분명히 알아

그 마음 게으름이 없도다.

보살이 가는 길은 부처님이 행하시던 곳이다. 따라서 지금의 우리 모든 불자들은 보살이 가는 길과 부처님의 행하시던 곳을 향해 가야 한다. 다른 길은 있을 수 없다. 그것을 잘 알아서 게으르지 말고 정진하여야 한다.

여 무 등 소 설
如無等所說하야

평 등 관 제 법
平等觀諸法하야

비 불 평 등 인
非不平等忍으로

능 성 평 등 지
能成平等智로다

견줄 데 없는 이의 말씀과 같이

평등하게 모든 법을 관찰하면

평등한 인忍이 아닌 것 없어

능히 평등한 지혜를 이루도다.

'견줄 데 없는 이'란 부처님을 이르는 말이다. 부처님을
찬탄하는 게송에 "천상과 천하에 부처님 같은 분이 없고, 시
방세계에도 또한 견줄 이가 없어라."라고 하였다. 왜 견줄
데가 없는가. 모든 법을 평등하게 관찰하기 때문이다. 실로
모든 법은 평등한 진리 아닌 것이 없으며 그와 같이 관찰하
는 이는 능히 평등한 지혜를 이룬다.

수 순 불 소 설
隨順佛所說하야

성 취 차 인 문
成就此忍門에

여 법 이 요 지　　　　역 불 분 별 법
如法而了知호대　　**亦不分別法**이로다

부처님께서 설하신 바를 수순하여

이 순인順忍을 성취하면

법과 같이 분명히 알면서도

또한 법을 분별하지 않도다.

순인은 법을 수순하고 부처님의 말씀을 수순하여 성취한
다. 그래서 모든 법을 법과 같이 알며 또한 법을 분별하지
않는다.

3) 무생인無生忍을 게송하다

삼 십 삼 천 중　　　　소 유 제 천 자
三十三天中에　　**所有諸天子**가

공 동 일 기 식　　　　소 식 각 부 동
共同一器食호대　　**所食各不同**하니

삼십삼천 가운데

있는 모든 하늘 사람들이

다 함께 한 그릇에서 밥을 먹지만

먹는 밥은 제각기 다르도다.

소 식 종 종 식　　　　부 종 시 방 래
所食種種食이　　**不從十方來**라

여 기 소 수 업　　　　자 연 함 재 기
如其所修業으로　　**自然咸在器**니

제각기 다른 여러 가지 밥이

시방에서 오는 것이 아니고

그들이 닦은 업으로

저절로 그릇에 담기느니라.

삼십삼천에 사는 하늘 사람들이 한 그릇의 밥을 함께 먹지만 그들이 먹는 밥은 각각 다른데 그것은 시방에서 오는 것이 아니라 각자가 닦은 업으로 저절로 그릇에 담긴다고 하였다. 인연의 이치는 도리천忉利天에 올라가도 면할 수 없다. 연기이기 때문에 공하다는 것을 드러낸 비유다.

보 살 역 여 시　　　　관 찰 일 체 법
菩薩亦如是하야　　　觀察一切法이

실 종 인 연 기　　　　무 생 고 무 멸
悉從因緣起하야　　　無生故無滅이로다

보살들도 또한 그와 같아서

일체 법을 살펴보건대

모두 인연으로부터 생기는 것이니

나지 않으므로 사라짐이 없도다.

보살은 일체 법이 인연으로 생기고 인연으로 소멸하므로
텅 비어 공하다는 것을 안다. 공하므로 또한 불생불멸이라
는 것을 안다. 공하여 불생불멸이라는 것을 알므로 생멸이
없는 진리[無生忍]를 성취한 것이다.

무 멸 고 무 진　　　　무 진 고 무 염
無滅故無盡이요　　　無盡故無染이니

어 세 변 이 법　　　　요 지 무 변 이
於世變異法에　　　　了知無變異하며

사라지지 않으므로 다함이 없고
다함이 없으므로 물들지 않아
세상의 변하는 법에서
변하여 달라짐이 없음을 알도다.

궁극에 공적한 모든 법은 불생불멸하고, 불생불멸하므로 다함이 없으며, 다함이 없으므로 물들지 않는다. 그것은 곧 세상의 무상하고 변하는 법에서 변함이 없음을 아는 무생인이다.

무 이 즉 무 처
無異則無處요

무 처 즉 적 멸
無處則寂滅이니

기 심 무 염 착
其心無染着하야

원 도 제 군 생
願度諸群生이로다

변하여 달라짐이 없으면 처소가 없고
처소가 없으면 적멸하나니
그 마음 물들지 않아서
모든 중생을 건지기 원하도다.

모든 법은 본래로 항상 적멸한 모습이다. 모든 법이 적멸한 것을 알면 마음에 물들지 않는다. 물들지 않는 마음으로 모든 중생을 제도한다.

전 념 어 불 법
專念於佛法하야

미 상 유 산 동
未嘗有散動하고

이 이 비 원 심
而以悲願心으로

방 편 행 어 세
方便行於世로다

부처님의 법을 오로지 생각하여

일찍이 산란하지 않고

자비와 서원하는 마음과

방편으로 세상을 다니도다.

무생인을 성취한 보살은 부처님의 법을 오로지 생각하여 일찍이 다른 생각을 하지 않고 중생을 위한 자비와 서원과 방편으로 세상을 두루 다니며 교화를 펼친다.

근 구 어 십 력
勤求於十力하야

처 세 이 부 주
處世而不住하며

무 거 역 무 래
無去亦無來하야

방 편 선 설 법
方便善說法이로다

열 가지 힘을 부지런히 구하여

세상에 있으나 머물지 않고

가는 것도 없고 오는 것도 없이

방편으로 법을 잘 설하도다.

열 가지 힘[十力]이란 보살 수행을 다 마치고 부처님의 경지에 이르렀을 때 그 경지를 나타내는 말이다. 그래서 부처님을 십력존[十力尊]이라고도 부른다. 즉 부처님의 경지를 부지런히 구하는데 세상에 있으나 세상에 머물지는 않으며, 가는 것도 없고 오는 것도 없이 방편으로 법을 설한다.

차 인 최 위 상
此忍最爲上이라

요 법 무 유 진
了法無有盡하야

입 어 진 법 계
入於眞法界호대

실 역 무 소 입
實亦無所入이로다

이 인忍이 가장 높아서
모든 법이 다함이 없음을 알아
참법계에 들어가지만
실제로는 들어갈 것이 없도다.

이 인이란 생멸이 없다는 무생인無生忍이다. 모든 현상은
생멸하는 가운데 생멸이 없는 이치이므로 가장 높다고 하였
다. 모든 법이 불생불멸하므로 다함이 없다. 그것이 곧 참다
운 법계에 들어가는 것이며 들어가되 실로 들어감이 없다.

보 살 주 차 인
菩薩住此忍에

보 견 제 여 래
普見諸如來가

동 시 여 수 기
同時與授記니

사 명 수 불 직
斯名受佛職이로다

보살들이 이 인에 머물러
모든 여래께서
동시에 수기 주심을 널리 보나니
이것을 부처님 직책을 받는다고 하도다.

보살이 무생인에 머물면 모든 여래께서 본래로 변함이 없는 부처님이라는 수기를 주심이 된다. 보살이 수기를 받음으로 곧 부처님이라는 직책을 받는 것이 되며, 직책을 받은 사람은 그 직책을 충실히 수행하는 것이다. 직책을 충실히 수행한다는 것은 부처님으로 살아가는 일이다.

요 달 삼 세 법
了達三世法의

적 멸 청 정 상
寂滅淸淨相이나

이 능 화 중 생
而能化衆生하야

치 어 선 도 중
置於善道中이로다

삼세의 모든 법이

적멸하여 청정함을 깨달아 알지만

능히 중생들을 교화해서

선량한 길 가운데에 두도다.

과거 현재 미래가 모두 적멸하다면 그 모든 시간 안에 존재하는 중생과 불보살들까지 모두 적멸하다. 그 모두가 본래로 적멸한 것을 잘 알면서 부처는 부처로서 보살은 보살로서 부지런히 중생을 교화하여 선량한 길을 가도록 인도한다. 이것이 곧 중생이 본래로 공적하지만 공적한 중생을 맹세코 제도한다는 중도적 보살행이다.

4) 여환인如幻忍을 게송하다

세 간 종 종 법　　일 체 개 여 환
世間種種法이　　**一切皆如幻**하니

약 능 여 시 지　　기 심 무 소 동
若能如是知하면　　**其心無所動**이로다

세간의 가지가지 법이
일체가 모두 환술과 같으니
만일 이와 같이 안다면
그 마음 동하지 않으리라.

　여환인如幻忍의 환이란 마술, 환술, 요술 등과 같은 뜻이다. 이 세상의 가지가지 법이 일체가 모두 환술과 같다. 실로 세상사는 모두 환영이며 헛것이며 허깨비이며 그림자이며 물거품이다. 일체 세상사와 인간사를 이와 같이 안다면 무엇에 마음이 동요하겠는가.

제 업 종 심 생
諸業從心生일새

고 설 심 여 환
故說心如幻이니

약 리 차 분 별
若離此分別하면

보 멸 제 유 취
普滅諸有趣로다

모든 업은 마음에서 생긴다.

그래서 마음은 환술 같다고 하나니

만약 이러한 분별을 떠나 버리면

여러 가지 삶의 갈래 없어지느니라.

사람이 세상에 처하여 사는 것은 모두 그들 스스로 지은 업으로 사는데 그 업은 사람의 마음이 만든 것이다. 마음 작용은 또한 환술과 같다. 일체 세상사를 그와 같이 알아서 모든 분별을 떠난다면 지옥이니 아귀니 축생이니 하는 온갖 삶의 갈래가 없어지리라.

비 여 공 환 사　　　　보 현 제 색 상
譬如工幻師가　　**普現諸色像**하야

도 령 중 탐 락　　　　필 경 무 소 득
徒令衆貪樂이나　　**畢竟無所得**인달하야

비유하자면 마치 환술을 하는 사람이

가지가지 모양을 만들어 내어

한갓 대중들을 즐겁게 하지만

필경에는 아무런 소득이 없는 것과 같으니라.

　　마술사가 마술을 부려서 여러 가지 현상을 나타내 보이
면 사람들은 그것을 보고 신기하게 여기며 즐거워한다. 그
러나 끝내 관객에게 남은 것은 아무것도 없다. 우리들 인생
사도 그러하리라.

세 간 역 여 시　　　　일 체 개 여 환
世間亦如是하야　　**一切皆如幻**이라

무 성 역 무 생　　　　시 현 유 종 종
無性亦無生이나　　**示現有種種**이로다

이 세상도 또한 그와 같아서

모든 것이 환술인 것이니

성품도 없고 나는 것도 없지만

가지가지 모습을 빚어내는 것이니라.

세상사 인생사는 모두가 환술이다. 실체도 없고 자체 성품도 없고 실제로 생멸이 있는 것도 아니다. 그러면서 가지가지 현상을 나타내 보인다. 사람들은 또한 그것에 속아서 변하지 않는 실체가 있는 양 그들 현상에 집착하고 목을 맨다.

도 탈 제 중 생　　　　　영 지 법 여 환

度脱諸衆生하야　　**令知法如幻**이나

중 생 불 이 환　　　　요 환 무 중 생

衆生不異幻이니　　**了幻無衆生**이로다

모든 중생을 제도하여

환술과 같은 법 알게 하지만

중생도 환술과 다를 것 없나니

환술인 줄 알면 중생도 없도다.

중생을 제도한다는 것은 모든 법이 환술이라는 것을 알게 하는 것이다. 일체 법을 환술의 현상이라고 본다면 중생이든 부처든 보살이든 조사든 선지식이든 환술 아닌 것이 없다. 만약 환술이라면 실재하는 것은 아무것도 없다. 이것이 환술과 같은 진리이고 이것을 깨닫는 것이다.

중생 급 국토   삼 세 소 유 법
衆生及國土와   **三世所有法**이

여 시 실 무 여   일 체 개 여 환
如是悉無餘하야   **一切皆如幻**이로다

중생이나 국토나
삼세의 모든 법이
하나도 빠짐없이
모두가 환술 같도다.

중생도 환술이며, 국토도 환술이며, 과거 현재 미래라는 모든 시간도 환술이다.

환 작 남 녀 형　　　　급 상 마 우 양
幻作男女形과　　　　及象馬牛羊과

옥 택 지 천 류　　　　원 림 화 과 등
屋宅池泉類와　　　　園林華果等이나

환술을 부려서 남자와 여자와

코끼리와 말과 소와 양과

집과 못과 샘물과

숲과 동산과 꽃을 만들지만

환 물 무 지 각　　　　역 무 유 주 처
幻物無知覺이며　　　　亦無有住處하야

필 경 적 멸 상　　　　단 수 분 별 현
畢竟寂滅相이라　　　　但隨分別現이니

환술로 된 것들이라 지각이 없고

또한 있는 장소도 없어서

필경에는 적멸한 모습이니

다만 분별을 따라 나타날 뿐이로다.

환술을 부려서 남자와 여자와 코끼리와 말과 소와 양과 집과 못과 샘물과 숲과 동산과 꽃을 만들지만 결국에는 환술인지라 지각도 없고 있는 장소도 없어서 적멸할 뿐이다. 다만 망상분별을 따라 있는 것처럼 나타날 뿐이다.

보 살 능 여 시
菩薩能如是하야

보 견 제 세 간
普見諸世間에

유 무 일 체 법
有無一切法하고

요 달 실 여 환
了達悉如幻이로다

보살도 그와 같아서

모든 세간을 두루 보지만

있고 없는 모든 법이

환술과 같은 줄 알도다.

중생급국토　　　　　종종업소조
衆生及國土가　　　**種種業所造**라

입어여환제　　　　　어피무소착
入於如幻際하야　**於彼無所着**이로다

중생과 국토가

가지가지 업으로 생긴 것이라

환술과 같은 경계에 들어가서

거기에 집착할 것 없도다.

보살은 세상사를 두루 보지만 유형한 것이나 무형한 것이나 일체 법이 모두 환술과 같음을 분명히 안다. 그러므로 중생이나 국토가 모두 중생의 업으로 지은 것이므로 환술과 같은 경계에 들어가서 아무런 집착하는 바가 없다.

5) 여염인如焰忍을 게송하다

여시득선교　　　　　적멸무희론
如是得善巧하야　**寂滅無戲論**이라

주 어 무 애 지
住於無礙地하야

보 현 대 위 력
普現大威力이로다

이와 같이 교묘함을 얻으면
적멸의 경지라 희론戱論이 없어
걸림 없는 자리에 머물러
큰 위엄의 힘을 두루 나타내리라.

여염인如焰忍에서 염焰은 양염陽焰이다. 즉 아지랑이를 말한다. 아지랑이와 같은 인을 얻으면 일체 법이 적멸하다. 적멸한 자리에 무엇을 논할 것인가. 일체 이론이 모두 희론이다. 적멸한 자리에 일체 희론이 없으므로 걸림이 없는 자리에 머물러 큰 위엄의 힘을 두루 나타낸다.

용 맹 제 불 자
勇猛諸佛子가

수 순 입 묘 법
隨順入妙法하야

선 관 일 체 상
善觀一切想이

전 망 어 세 간
纏網於世間이로다

용맹한 모든 불자들

묘한 법에 따라 들어가

온갖 생각이

세간에 얽매인 줄 잘 관찰하도다.

일체 법이 아지랑이와 같다는 것은 미묘한 법이다. 이와 같은 법에 들어가는 것은 용맹한 불자다. 용맹한 불자인 보살은 중생들의 온갖 생각이 세간에 얽매인 줄을 잘 관찰한다.

중 상 여 양 염
衆想如陽焰하야

영 중 생 도 해
令衆生倒解어든

보 살 선 지 상
菩薩善知想하야

사 리 일 체 도
捨離一切倒로다

모든 망상들이 아지랑이와 같아서

중생들에게 뒤바뀐 소견 내게 하나니

보살은 망상인 줄 분명히 알아

모든 뒤바뀐 생각 멀리 떠나도다.

중생들은 망상, 즉 바르지 못한 생각을 일으켜서 세상을 본다. 실은 그 바르지 못한 생각도 실재하는 것이 아니고 아지랑이와 같은 것이다. 그러니 중생들이 보고 듣고 생각하고 판단하는 것들이 오죽하겠는가. 세상사가 아지랑이와 같다는 진리를 아는 보살은 전도되고 뒤바뀐 생각을 멀리 떠났다.

중 생 각 별 이
衆生各別異하야

형 류 비 일 종
形類非一種이나

요 달 개 시 상
了達皆是想이라

일 체 무 진 실
一切無眞實이로다

중생들 제각기 달라

형상이 한 가지가 아니니

모두 다 망상인 줄 알면

일체가 진실한 것 없도다.

중생들의 생각과 형상이 제각기 다른데 그것은 오직 망상 때문이다. 천차만별한 현상이 망상인 줄 알면 그와 같은 천차만별이 진실이 아님도 알아야 한다.

시 방 제 중 생
十方諸衆生이

개 위 상 소 부
皆爲想所覆니

약 사 전 도 견
若捨顚倒見이면

즉 멸 세 간 상
則滅世間想이로다

시방의 모든 중생들이
모두 다 허망한 생각에 덮였으니
만약 뒤바뀐 소견을 버리면
곧 세간의 망상이 사라지리라.

이 세상 중생들은 모두 허망한 생각에 덮여서 살아간다.
허망한 생각이란 일체가 뒤바뀌고 전도된 소견들이다. 그
전도된 생각들만 버리면 곧 세간의 망상도 사라지리라.

세 간 여 양 염
世間如陽焰하야

이 상 유 차 별
以想有差別이니

지 세 주 어 상
知世住於想이면

원 리 삼 전 도
遠離三顚倒로다

세간은 아지랑이와 같은데
생각 때문에 차별이 있나니
세상이 망상에 머문 줄 알면
세 가지 전도[三顚倒]를 멀리 여의리라.

세상사 모두가 아지랑이와 같이 실재하는 것이 아닌데
중생들의 잘못된 생각 때문에 저와 같이 온갖 차별이 있다.
그러한 세상사가 모두 망상에 의한 것인 줄 알면 세 가지 전
도를 멀리 여읠 것이다. 세 가지 전도[三顚倒] 중에는 이승二乘
들의 네 가지 전도가 있다. 열반계가 상常·낙樂·아我·정
淨인 것을 무상無常과 무락無樂과 무아無我와 무정無淨이라고
망령되게 집착하는 것이다.

비 여 열 시 염
譬如熱時焰을

세 견 위 위 수
世見謂爲水나

수 실 무 소 유　　　　지 자 불 응 구
水實無所有라　　**智者不應求**인달하야

비유하면 더운 날 아지랑이를

세상이 물인 줄 알지만

그 물은 실제로는 물이 아니니

지혜 있는 이는 구하지 않듯이

중 생 역 부 연　　　　세 취 개 무 유
衆生亦復然하야　**世趣皆無有**니

여 염 주 어 상　　　　무 애 심 경 계
如焰住於想하면　**無礙心境界**로다

중생도 또한 그와 같아서

세상의 길[世趣]이 다 있지 않으니

아지랑이가 생각에 머문 것과 같이

걸림이 없는 마음의 경계로다.

아지랑이를 세상 사람들은 착각하여 물로 보기도 한다.

그러나 지혜로운 사람은 아지랑이를 물로 보지 않는다. 중생들도 세상의 갈래들을 실재하는 것이 아닌데 실재하는 것처럼 본다. 그러나 세상사가 아지랑이와 같다는 진리를 얻은 이는 마음에 아무런 걸림이 없다. 일체 일이 모두 아지랑이와 같다면 무엇에 연연하겠는가.

若離於諸想하고 亦離諸戲論하면

愚癡着想者로 悉令得解脫이로다

만약 모든 생각을 떠나고
또한 모든 실없는 말[戲論]까지 여의면
어리석어서 생각에 집착한 이
모두 해탈을 얻게 하리라.

일체가 아지랑이와 같아서 실재하는 것이 아니지만 어리석은 사람들의 생각과 생각에 의한 말을 통해서 실재하는 것으로 여겨지게 된다. 만약 생각과 생각에 의한 말을 떠난다면 어리석어서 생각에 집착한 이들로 하여금 모두 해탈을 얻게 할 것이다.

원 리 교 만 심 　 　 　 제 멸 세 간 상
遠離憍慢心하며 　 **除滅世間想**하고

주 진 무 진 처 　 　 　 시 보 살 방 편
住盡無盡處가 　 **是菩薩方便**이로다

교만한 마음 멀리 여의고
세간이란 생각 소멸하여
다함과 다함없는 데 머물면
이것이 보살의 방편이로다.

교만한 마음은 세상사를 실재하는 것으로 보아 아지랑이와 같다는 생각을 하지 못한다. 그와 같은 마음을 멀리 떠나고 세간에 대한 생각을 다 소멸하는 것, 이것이 보살의 방편이다.

6) 여몽인如夢忍을 게송하다

보 살 요 세 법
菩薩了世法의

일 체 개 여 몽
一切皆如夢하야

비 처 비 무 처
非處非無處라

체 성 항 적 멸
體性恒寂滅이로다

보살이 세상의 모든 법을

꿈과 같은 줄 알아

처소도 아니고 처소가 없지도 않아

자체 성품이 항상 고요하도다.

보살이 세상의 모든 법을 꿈과 같은 줄 안다는 것은 세
상의 법을 있는 것도 아니고 없는 것도 아닌 중도의 관점으
로 본다는 것이다. 그러므로 현상은 크게 작용하더라도 자
체의 성품은 항상 적멸하다.

제 법 무 분 별
諸法無分別이라

여 몽 불 이 심
如夢不異心하니

삼 세 제 세 간　　　　일 체 실 여 시
三世諸世間이　　　一切悉如是로다

모든 법 분별이 없어
꿈과 같으며 마음과 다르지 않아
삼세의 모든 세간도
일체가 다 이와 같도다.

꿈속에서 보고 듣고 만나서 감지하는 일체 현상은 모두
가 꿈이다. 마치 금으로 여러 가지 형상을 만들면 어떤 형상이
든 모두 금인 것과 같다. 마음으로 일체 현상을 인식하고 감
지하는 것 역시 모두가 마음이다. 형상들이 다를 뿐이다. 가
죽장갑을 끼고 갖가지 사물을 만지면 하루 종일 천 가지 만
가지 물건을 만져도 오직 가죽장갑을 만지는 것과 같다.

몽 체 무 생 멸　　　　역 무 유 방 소
夢體無生滅이며　　　亦無有方所라

삼 계 실 여 시　　　　견 자 심 해 탈
三界悉如是니　　　見者心解脫이로다

꿈 자체는 생멸이 없으며
또한 처소도 없어
삼계三界도 이와 같나니
그렇게 보는 이의 마음 해탈이로다.

꿈속에서 아무리 활발한 생멸을 나타내더라도 모두 꿈
일 뿐이다. 생멸은 처음부터 없는 것이다. 공간도 시간도 있
는 듯이 보이지만 그 무엇도 실재하는 것은 없다. 꿈과 같은
인을 성취한 사람은 이와 같이 보아 마음으로부터 해탈을
얻는다.

몽 부 재 세 간
夢不在世間이며
부 재 비 세 간
不在非世間이니

차 이 불 분 별
此二不分別하면
득 입 어 인 지
得入於忍地로다

꿈은 세간에 있지도 않고
세간 아닌 데도 있지 않아
이 두 가지 분별하지 않으면

꿈과 같은 인忍에 들어가리라.

꿈의 문제를 잘 연구하여 현실이 모두 꿈이라고 파악하면 불법을 이해하는 튼튼한 기본이 된다. 꿈속에서는 모든 것이 낱낱이 실재하지만 실은 실재하는 것이 아니듯이 우리가 누리는 일체 현상도 꿈과 같이 전혀 실재하는 것이 아니다. 다만 꿈속에서 착각하고 있듯이 실재한다고 착각하고 있을 뿐이다.

비 여 몽 중 견 　　　종 종 제 이 상
譬如夢中見　　　**種種諸異相**인달하야

세 간 역 여 시 　　　여 몽 무 차 별
世間亦如是하야　　**與夢無差別**이로다

비유하면 마치 꿈속에서
갖가지 다른 모양을 보듯이
세간도 또한 그와 같아서
꿈이나 다를 것이 없도다.

앞에서 설명한 바와 같이 우리가 보고 듣고 감지하며 누리는 일체 현상은 꿈과 꼭 같아서 조금도 다를 바가 없다. 이러한 사실을 아는 것이 불법의 기본을 깨닫는 길이다.

주 어 몽 정 자　　　　요 세 개 여 몽
住於夢定者는　　**了世皆如夢**하야

비 동 비 시 이　　　　비 일 비 종 종
非同非是異며　　**非一非種種**이로다

꿈 삼매에 머무른 이는
세상이 다 꿈인 줄 알아
같지도 않고 다르지도 않고
하나도 아니고 여럿도 아니로다.

꿈 삼매에 머문다는 것은 일체 현상이 모두 꿈이라는 것을 철저히 아는 것이다. 그는 세상이 다 꿈인 줄 알아 같지도 않고 다르지도 않고, 하나도 아니고 여럿도 아니다. 꿈은 실재하는 것이 아니므로 그와 같은 차별이 있을 수 없다.

중생 제 찰 업
衆生諸刹業과

잡 염 급 청 정
雜染及清淨을

여 시 실 요 지
如是悉了知하면

여 몽 개 평 등
與夢皆平等이로다

중생과 모든 세계와 업이
더럽기도 하고 청정하기도 하니
이와 같이 모든 것을 알면
꿈과 같아서 평등하리라.

네 가지 성스러운 세계[四聖]나 여섯 가지 범부의 세계[六凡]나 정보正報나 의보依報나 더럽거나 청정하거나 갖가지로 차별하지만 어느 것도 실재하는 것이 아니다. 그러므로 꿈과 같다고 한다.

보 살 소 행 행
菩薩所行行과

급 이 제 대 원
及以諸大願이

명 료 개 여 몽
明了皆如夢하야

여 세 역 무 별
與世亦無別이로다

보살의 닦는 행이나

여러 가지 큰 서원들이

분명히 꿈과 같으며

세간과 또한 다를 것이 없도다.

꿈과 같은 진리[忍]에서 보면 보살이나 보살의 행이나 보살의 크나큰 서원까지도 분명히 꿈과 같아서 세상사가 꿈인 것과 하나도 다름이 없다.

요 세 개 공 적   불 괴 어 세 법
了世皆空寂이나   **不壞於世法**이

비 여 몽 소 견   장 단 등 제 색
譬如夢所見   **長短等諸色**이니

세상이 다 공적한 줄 알지만

세상의 법을 무너뜨리지 않는 것이

마치 꿈속에서

길고 짧은 온갖 형색을 보는 것과 같도다.

꿈은 헛것이며, 허망하며, 실재하지 않는 것이며, 없는 것이다. 꿈속의 모든 현상이 그와 같지만 현실에서 보고 듣는 것과 같이 또한 그대로 다 있다. 현실도 그와 같이 모든 경계가 그대로 다 있지만 실은 모두가 공적한 것이다. 보살은 현실이 공적한 줄을 잘 알지만 중생을 위해서 온갖 불사佛事를 짓는다. 그것이 곧 몽중불사夢中佛事다.

영명연수스님은 『만선동귀집萬善同歸集』에서 말씀하였다. "거울 속에 비친 그림자와 같은 마군을 항복받고 꿈속의 불사를 크게 지으라. 허깨비와 같은 중생들을 널리 제도하여 다 같이 적멸한 깨달음을 증득하라."4)

시 명 여 몽 인
是名如夢忍이라

인 차 요 세 법
因此了世法하면

질 성 무 애 지
疾成無礙智하야

광 도 제 군 생
廣度諸群生이로다

이것이 이름이 꿈과 같은 인이라

---

4) 降伏鏡像魔軍 大作夢中佛事 廣度如化含識 同證寂滅菩提.

이렇게 세상 법을 알면

걸림 없는 지혜를 빨리 이루어

중생들을 널리 제도하리라.

모든 것이 꿈과 같다는 사실을 깨달아 아는 것이 진정한 불사며 진정한 중생 제도다. 그래서 "이것이 이름이 꿈과 같은 인이라, 이렇게 세상 법을 알면 걸림 없는 지혜를 빨리 이루어 중생들을 널리 제도하리라."라고 하였다.

7) 여향인如響忍을 게송하다

수 행 여 시 행
修行如是行하면

출 생 광 대 해
出生廣大解하야

교 지 제 법 성
巧知諸法性이나

어 법 심 무 착
於法心無着이로다

이와 같은 행을 닦고

광대한 지혜를 내어

모든 법의 성품을 잘 알면

모든 법에 집착하는 마음 없도다.

본래의 소리도 허망함과 무상함을 나타내는 대표적인 것이다. 하물며 소리가 울려서 나는, 소리에 의한 메아리야 얼마나 무상하며 실체가 없는 것이겠는가. 보살이 일체 법을 이와 같이 알아 광대한 지혜를 내어 모든 법의 성품을 잘 알면 모든 법에 집착하는 마음은 있을 수 없으리라.

일 체 제 세 간   종 종 제 음 성
一切諸世間에   **種種諸音聲**이

비 내 역 비 외   요 지 실 여 향
非內亦非外라   **了知悉如響**이니

일체 모든 세간에 있는

가지가지 모든 음성들

안도 아니고 바깥도 아니니

모두 메아리 같음을 알도다.

세상의 일체 음성이 메아리와 같으며, 일체 현상이 메아

리와 같으며, 일체 법이 모두 메아리와 같다.

여 문 종 종 향
如聞種種響하고

심 불 생 분 별
心不生分別하야

보 살 문 음 성
菩薩聞音聲에

기 심 역 여 시
其心亦如是로다

가지가지 메아리를 들어도
마음이 분별을 내지 않듯이
보살이 음성을 듣는
그 마음이 또한 그와 같도다.

세상의 일체 현상을 모두 메아리와 같이 알아 마음에 좋
다거나 나쁘다거나 하는 분별을 내지 않는다. 메아리는 실
체가 없으며 곧 사라지기 때문이다.

첨 앙 제 여 래
瞻仰諸如來하며

급 청 설 법 음
及聽說法音과

연 계 경 무 량　　　　수 문 무 소 착
演契經無量에　　　　**雖聞無所着**이로다

모든 여래를 앙모하고

법문 설하는 음성 들으며

한량없는 경전 연설하심을

비록 다 들어도 집착이 없도다.

모든 여래가 법을 설하는 것을 듣거나 보살이 법을 설하는 것을 듣거나 일체 선지식이 법을 설하는 것을 듣는 일은 세상에서 가장 값지고 소중한 일이다. 부처님을 대신해서 한량없는 경전을 설하는 일도 역시 세상에서 가장 가치 있는 일이다. 어찌 집착을 하지 않을 수 있겠는가. 어찌 메아리와 같이 듣는다는 말인가.

여 향 무 래 처　　　　소 문 성 역 연
如響無來處하야　　　　**所聞聲亦然**호대

이 능 분 별 법　　　　여 법 무 괴 류
而能分別法하야　　　　**與法無乖謬**로다

메아리가 온 곳이 없듯이
듣는 음성도 또한 그러하지만
능히 법을 분별하여
법과 어기지 않도다.

불보살과 일체 선지식들이 법을 설하는 것을 듣는 일이
아무리 메아리와 같아서 온 곳도 없고 간 곳도 없어서 어디
에서도 찾을 수 없다 하더라도 능히 법을 분별하고 따지고
해석하고 천착하여 그 이치를 깊이 깨달아 법과 어기지 않아
야 한다. 이와 같이 알고 이와 같이 행하는 것이 일체 존재의
실상을 바로 깨달아 행하는 것이다.

선 료 제 음 성
善了諸音聲하야

어 성 불 분 별
於聲不分別하야

지 성 실 공 적
知聲悉空寂이나

보 출 청 정 음
普出淸淨音이로다

모든 음성을 잘 알아
소리를 분별하지 않으며

소리가 모두 공적한 줄 알지만
청정한 음성을 널리 내도다.

보살은 자신이 내는 설법의 소리가 본래로 공적하여 있
는 것이 아닌 줄을 잘 알지만 중생들을 교화하기 위해서 그
공적한 소리를 널리 낸다. 목이 쉬도록 한없이 낸다. 피를 토
하며 높이 부르짖는다. 이것이 소리가 공적한 줄 아는 보살
의 행이다.

요 법 부 재 언
了法不在言하야

선 입 무 언 제
善入無言際로다

이 능 시 언 설
而能示言說하야

여 향 변 세 간
如響徧世間이로다

법은 말에 있지 않음을 알고
말이 없는 경지에 들어갔으나
그래도 능히 말을 보이어
메아리가 세간에 두루 하듯 하도다.

법은, 진리는, 참다운 이치는 말에 있지 않다. 말로써 온 갖 법을 설하지만 법은 말에 있지 않다. 이와 같이 법은 말에 있지 않음을 알고 말이 없는 경지에 들어갔으나 그 가운데 서 온갖 말을 다 보여 법을 설한다. 마치 메아리가 세상에 두루 하듯이.

요 지 언 어 도
了知言語道하고

구 족 음 성 분
具足音聲分하야

지 성 성 공 적
知聲性空寂이나

이 세 언 음 설
以世言音說이로다

언어의 길을 분명히 알고
음성의 분한分限을 갖추어서
소리의 성품 공적함을 알아
세상의 말로써 설명하도다.

보살은 말이란 어떤 것인가를 분명히 알고 또 언어의 한 계와 공능을 갖추어서 소리의 성품이 공적한 줄을 잘 알지 만 또한 그 소리를 이용하여 온갖 이치를 설명한다. 그것이 소리며 또한 세상사다. 세상사가 메아리와 같다고 해서 손과 발을 묶어 놓고 그냥 있을 것인가. 그것은 바른 견해가 아니다.

여 세 소 유 음
如世所有音하야

시 동 분 별 법
示同分別法하니

기 음 실 주 변
其音悉周徧하야

개 오 제 군 생
開悟諸群生이로다

세상에 있는 음성과 같이
법을 분별함과 같음을 보이니
그 음성이 널리 두루 하여
모든 중생을 깨닫게 하도다.

세상 사람들이 가장 많이 사용하는 소리와 말과 음성과 메아리로 일체 법과 일체 존재의 실상을 깨닫게 한다. 특히 메아리는 아주 훌륭한 방편이 된다.

보살 획 차 인　　　　정 음 화 세 간
菩薩獲此忍에　　**淨音化世間**하야

선 교 설 삼 세　　　　어 세 무 소 착
善巧說三世호대　　**於世無所着**이로다

보살이 이 인忍을 얻고는
청정한 소리로 세상을 교화하여
삼세三世의 일 잘 말하지만
세상에는 집착이 없도다.

보살이 인생사 세상사가 모두 메아리와 같다는 진리를
깨달아 청정한 설법으로 세상 사람들을 두루 교화한다. 과
거와 현재와 미래의 중생들을 다 교화하더라도 집착하는 바
가 없다.

8) 여영인如影忍을 게송하다

위 욕 이 세 간　　　　전 의 구 보 리
爲欲利世間하야　　**專意求菩提**호대

이 상 입 법 성　　　　어 피 무 분 별
而常入法性하야　　**於彼無分別**이로다

세상을 이익하게 하고자

오로지 보리菩提를 구하지만

항상 법의 성품에 들어가

그것에 분별이 없도다.

보살은 세상을 이익하게 하려고 깨달음을 구하지만 깨
달음 또한 그림자와 같다는 사실을 깨닫는 일이라 그림자
와 같은 진리에 들어가서 분별이 없다.

보 관 제 세 간　　　　적 멸 무 체 성
普觀諸世間이　　　**寂滅無體性**호대

이 항 위 요 익　　　　수 행 의 부 동
而恒爲饒益하야　　**修行意不動**이로다

모든 세간이 적멸하여

자체의 성품이 없는 줄을 널리 관찰하되

항상 중생을 이익하게 하기 위하여

수행하는 마음 동요하지 않도다.

세간이 온통 자체의 고정된 성품이 없으며 교화하는 보살도 적멸하며 교화를 받는 중생도 적멸하며 교화하는 방편도 적멸하다. 모든 것이 적멸한 줄을 잘 알면서 다시 적멸한 중생을 이익하게 하기 위하여 동요하는 마음 없이 수행한다.

부주어세간
不住於世間하며

불리어세간
不離於世間하야

어세무소의
於世無所依하니

의처불가득
依處不可得이로다

세간에 머물지 않고
세간을 떠나지도 않으며
세간에 의지함이 없으니
의지하는 곳을 찾을 수 없도다.

세간이 모두 그림자와 같은지라 그림자와 같은 세간에

머물지 않고 그렇다고 해서 세간을 떠나지도 않으며 세간
을 의지하지도 않는다. 그림자인지라 의지할 세간도 없다.

요 지 세 간 성
了知世間性하야

어 성 무 염 착
於性無染着하니

수 불 의 세 간
雖不依世間이나

화 세 령 초 도
化世令超度로다

세간의 성품을 분명히 알아

성품에 물들지 않으며

비록 세간에 의지하지 않으나

세간을 교화하여 벗어나게 하도다.

그림자와 같은 세간의 성품을 분명히 알면 세간에 물
들지 않는다. 세간에 의지하지도 않는다. 그러나 세간의
중생들을 교화하여 그림자와 같은 세간에서 벗어나게
한다.

세 간 소 유 법
世間所有法에

실 지 기 자 성
悉知其自性하야

요 법 무 유 이
了法無有二호대

무 이 역 무 착
無二亦無着이로다

세간에 있는 모든 법

그 자성을 모두 알아서

법이 둘이 없음을 아나니

둘도 없고 또한 집착도 없도다.

세간에 있는 모든 법의 자성은 일체가 그림자와 같다. 그
림자와 같아서 다를 것이 없으므로 또한 물들지도 않는다.

심 불 리 세 간
心不離世間하며

역 부 주 세 간
亦不住世間호대

비 어 세 간 외
非於世間外에

수 행 일 체 지
修行一切智로다

마음은 세간을 떠나지 않고

또한 세간에 머물지도 않으며

세간 밖에서

일체 지혜를 닦지도 않도다.

우리들의 마음은 세간을 떠날 수도 없으며 세간에 머물
수도 없다. 그렇다고 세간 밖에서 지혜를 닦는 것도 아니다.
참으로 미묘하기 이를 데 없는 것이 사람의 마음이다.

비 여 수 중 영　　　　비 내 역 비 외
譬如水中影이　　　**非內亦非外**인달하야

보 살 구 보 리　　　　요 세 비 세 간
菩薩求菩提에　　　**了世非世間**하야

비유하면 마치 물속의 그림자가

안도 아니고 밖도 아니듯

보살이 보리를 구함은

세간이 세간 아님을 알고

불 어 세 주 출　　　　이 세 불 가 설
不於世住出하니　　**以世不可說**이며

역 부 재 내 외
亦不在內外나

여 영 현 세 간
如影現世間이로다

세간에 머물거나 벗어나지도 않나니
세간을 가히 말할 수 없어
안에도 밖에도 있지 아니해
그림자가 세간에 나타나듯 하도다.

보살이 깨달음을 구하는 것은 세간이 세간 아니라는 사실을 아는 것이다. 그래서 세간에 머물지도 않고 세간을 벗어나지도 않는다. 그림자와 같은 세간을 무엇이라 설명할 수도 없다. 밖에 있는 것도 아니고 안에 있는 것도 아니어서 마치 그림자와 같다.

입 차 심 심 의
入此甚深義에

이 구 실 명 철
離垢悉明徹이나

불 사 본 서 심
不捨本誓心하고

보 조 세 간 등
普照世間燈이로다

이 깊은 이치에 들어가면

번뇌의 때를 여의고 밝게 통하여
본래의 서원誓願을 버리지 않고
세간을 두루 비추는 등불이니라.

보살이 일체 세상사가 그림자와 같다는 이치를 알아, 모든 것이 실재한다는 번뇌의 때를 깨끗이 씻어 버리고, 지혜가 환하게 밝은 상태에서 보살로서의 본래의 서원을 버리지 않고 자비의 등불로 세상을 두루 비춘다.

세 간 무 변 제　　　　지 입 실 제 등
世間無邊際에　　**智入悉齊等**하야

보 화 제 군 생　　　　영 기 사 중 착
普化諸群生하야　　**令其捨衆着**이로다

세간이 끝이 없는데
지혜로 들어가 다 평등해지고
모든 중생을 두루 교화해
그들에게 온갖 애착을 버리게 하도다.

일체 법이 그림자와 같다는 이치를 깨달아 차별한 세간이 끝이 없는 데까지 지혜로 들어가서 텅 비어 평등하게 본다. 텅 비어 평등하게 보면서 모든 중생을 두루 교화하고 세상이 그림자와 같음을 깨닫게 하여 모든 애착을 버리게 한다.

9) 여화인如化忍을 게송하다

관 찰 심 심 법
觀察甚深法하야

이 익 군 생 중
利益群生衆하고

종 차 입 어 지
從此入於智하야

수 행 일 체 도
修行一切道로다

깊고 깊은 법을 관찰하여

여러 중생들 이익하게 하나니

이로부터 지혜에 들어가

일체 도道를 닦아 행하도다.

일체 법이 허깨비와 같은 이치[如化忍]의 깊고 깊은 법을 관찰하여 무수한 중생들을 이익하게 한다. 이 허깨비와 같은 이치로부터 지혜에 들어가 도를 닦는다.

보 살 관 제 법
菩薩觀諸法하야

체 료 실 여 화
諦了悉如化나

이 행 여 화 행
而行如化行하야

필 경 영 불 사
畢竟永不捨로다

보살이 모든 법을 관찰하여
모두가 허깨비와 같은 줄 깨달아서
허깨비 같은 행行을 행하나
필경에는 영원히 버리지 않도다.

불교를 깊이 공부한 사람이라면 세상의 일체 법이 허깨비와 같다는 사실을 충분히 깨달을 것이다. 이 허깨비와 같다는 이치에는 어떤 법도 제외되는 것이 없다. 수행의 대상도, 수행의 목적도, 수행 그 자체도 모두가 허깨비이다. 그러나 결코 영원히 버리지 않는 길로 나아가야 허깨비와 같은 법을 중도로 수용하게 된다.

수 순 화 자 성
隨順化自性하야

수 습 보 리 도
修習菩提道에

일 체 법 여 화
一切法如化라

보 살 행 역 연
菩薩行亦然이로다

허깨비의 자체 성품을 따라

보리의 길을 닦아 익히니

일체 법이 허깨비 같거든

보살의 행도 역시 그러하도다.

일체 법이 허깨비라는 원칙으로 보리도를 수행하니 보살
의 행도 모두 허깨비이다. 이와 같이 철저히 허깨비이면서 허
깨비인 보살행을 펼쳐 나간다.

일 체 제 세 간
一切諸世間과

급 이 무 량 업
及以無量業이

평 등 실 여 화
平等悉如化하야

필 경 주 적 멸
畢竟住寂滅이로다

일체 모든 세간과

한량없는 업業이
평등하게 모두 허깨비 같아서
끝까지 적멸한 데 머물도다.

허깨비란 없는데 있는 것처럼 보이고 또는 전혀 다른 것
으로 보이는 것이다. 일체 세간과 한량없는 업이 허깨비와
똑같다. 그래서 필경에는 적멸할 뿐이다.

삼 세 소 유 불
三世所有佛이

일 체 역 여 화
一切亦如化나

본 원 수 제 행
本願修諸行하야

변 화 성 여 래
變化成如來로다

삼세에 계시는 모든 부처님이
모두 다 또한 허깨비와 같으나
본래의 원으로 모든 행을 닦아
변화하여 여래를 이루도다.

일체 존재가 모두 허깨비와 같다는 이치에서 보면 과거

현재 미래의 모든 부처님도 역시 허깨비이다. 중생과 부처까지 다 허깨비임을 알지만 중생들을 교화하겠다는 본래의 서원으로 모든 행을 닦아서 변화하여 여래를 이룬다.

불 이 대 자 비
佛以大慈悲로

도 탈 화 중 생
度脫化衆生이나

도 탈 역 여 화
度脫亦如化라

화 력 위 설 법
化力爲說法이로다

부처님의 대자대비로
허깨비와 같은 중생들을 제도하시니
제도하는 것도 또한 허깨비와 같아서
허깨비의 힘으로 법을 설하도다.

과거 현재 미래의 모든 부처님도 역시 허깨비이고 부처님의 대자대비로 허깨비와 같은 중생들을 제도한다. 제도하는 것 또한 허깨비와 같아서 허깨비의 힘으로 법을 설한다. 허깨비와 같은 진리에서 보면 일체가 다 허깨비이기 때문이다.

지 세 개 여 화
知世皆如化하야

불 분 별 세 간
不分別世間하니

화 사 종 종 수
化事種種殊가

개 유 업 차 별
皆由業差別이로다

세상이 모두 허깨비와 같은 줄을 알아
세간을 분별하지 않으나
허깨비의 일이 가지가지 다름은
모두가 업이 차별한 까닭이로다.

허깨비와 같이 없는데 있는 것처럼 보이는 세상사는 모두 업이 차별하기 때문에 일체가 차별하게 나타난 것이다. 아무리 차별한 것이라 하더라도 모두 실재하지 않는 허깨비이다.

수 습 보 리 행
修習菩提行하야

장 엄 어 화 장
莊嚴於化藏하니

무 량 선 장 엄
無量善莊嚴이

여 업 작 세 간
如業作世間이로다

보리의 행을 닦아
허깨비의 창고를 장엄하는데
한량없는 선善으로 장엄하는 것이
업으로 세간을 짓는 것과 같도다.

보리의 행을 닦아 허깨비의 창고를 장엄한다는 것은 세
상사를 허깨비로 알아 허깨비인 것으로 살아가는 일이다.
한량없는 선善으로 장엄하는 것은 대단히 훌륭하여 크게 권
장하는 일이지만 그것도 역시 업으로 세간을 짓는 일이다.
궁극에는 허깨비에 불과하다.

화 법 이 분 별
化法離分別하고

역 불 분 별 법
亦不分別法이라

차 이 구 적 멸
此二俱寂滅하니

보 살 행 여 시
菩薩行如是로다

허깨비와 법은 분별을 떠났고
또한 법을 분별하지도 않아
이 두 가지가 모두 적멸하니

보살의 행이 이와 같도다.

허깨비와 허깨비의 이치[法]는 분별을 떠났다. 처음부터 실재하지 않는 허깨비이기 때문이다. 허깨비와 허깨비의 이치는 아예 텅 비어 공적한 것이다. 세상에서 가장 위대한 보살행이라 하더라도 그 역시 허깨비인 것이다.

화 해 요 어 지
化海了於智하고 　　화 성 인 세 간
化性印世間하니

화 비 생 멸 법
化非生滅法이라 　　지 혜 역 여 시
智慧亦如是로다

허깨비 바다로 지혜를 알고
허깨비 성품으로 세간을 인정하여
허깨비는 생멸하는 법이 아니니
지혜도 역시 그와 같도다.

허깨비는 오직 허깨비일 뿐이다. 실재하지 않는 것을 실재하는 것으로 착각해서 존재한다고 하므로 이 사실을 아는 즉시 순식간에 모든 것이 텅 비어 버린다. 본래 없는 것이라는 사실을 아는 것이다. 언제까지 있다가 이제 새삼스럽게 소멸하는 것이 아니다. 허깨비의 이치에서 보면 지혜도 역시 그와 같다.

10) 여공인如空忍을 게송하다

제 십 인 명 관
第十忍明觀

중 생 급 제 법
衆生及諸法이

체 성 개 적 멸
體性皆寂滅하야

여 공 무 처 소
如空無處所로다

열 번째의 인忍으로 살펴보건대

중생과 모든 여러 가지 법이

그 자체 성품 모두 적멸하여

허공과 같아서 처소가 없도다.

열 번째 인이란 일체 제법이 허공과 같다는 진리이다. 허공이란 곧 공적이며 적멸이며 텅 비어 공한 것이다. 일체 중

생과 모든 법이 그 자체의 성품이 적멸하다. 어디에도 있는
곳이 없다.

획 차 여 공 지
獲此如空智하야

영 리 제 취 착
永離諸取着하니

여 공 무 종 종
如空無種種하야

어 세 무 소 애
於世無所礙로다

이 허공과 같은 지혜를 얻어

모든 집착을 영원히 떠나고

허공과 같아 여러 가지가 없으니

세상에 걸릴 것이 없도다.

일체 세상사가 허공과 같다면 무엇을 집착하겠는가. 천
차만별의 현상이 펼쳐져 있어도 모두 허공과 같다면 세상에
걸릴 것이 무엇이 있겠는가.

성 취 공 인 력
成就空忍力에

여 공 무 유 진
如空無有盡하야

경 계 여 허 공
境界如虛空호대

부 작 공 분 별
不作空分別이로다

허공 같은 인忍의 힘을 이루면

허공과 같이 다함이 없어

모든 경계가 허공과 같아서

허공이라는 분별마저도 짓지 않도다.

보살이 허공과 같은 지혜의 힘을 이루면 그는 곧 허공과 같아서 다함이 없다. 그의 모든 경계가 허공과 같아지기 때문이다. 그때는 허공이라는 분별마저도 짓지 않는다.

허 공 무 체 성
虛空無體性호대

역 부 비 단 멸
亦復非斷滅이며

역 무 종 종 별
亦無種種別하니

지 력 역 여 시
智力亦如是로다

허공은 자체의 성품이 없으며

또한 아주 사라진 것[斷滅]도 아니며

또한 가지가지 차별도 없나니

지혜의 힘도 또한 이와 같도다.

허공이란 헛된 이름뿐이다. 허공은 실체가 없다. 무슨 자체의 성품이 있겠는가. 있고 없음이 본래 없으므로 상주常住니 단멸斷滅이니 하는 것이 아예 없다. 또한 허공에 무슨 이런 저런 종류가 있겠는가. 허공과 같은 인을 얻은 지혜의 힘이 이와 같다.

허 공 무 초 제　　　　역 부 무 중 후
虛空無初際며　　　亦復無中後라

기 량 불 가 득　　　　보 살 지 역 연
其量不可得이니　　菩薩智亦然이로다

허공은 처음도 없고
또한 중간도 나중도 없어
그 분량을 알 수 없나니
보살의 지혜도 또한 그러하도다.

허공은 아예 없는 것인데 처음이니 중간이니 나중이니

하는 것이 어디에 있겠는가. 없는 것에 또 무슨 분량이 있겠는가. 이와 같은 지혜를 성취한 보살의 지혜가 또한 이와 같다.

여 시 관 법 성
如是觀法性이

일 체 여 허 공
一切如虛空하야

무 생 역 무 멸
無生亦無滅이

보 살 지 소 득
菩薩之所得이로다

이와 같이 법의 성품을 살피면
모든 것이 허공과 같아서
나지도 않고 멸하지도 않으니
보살들의 얻는 바로다.

일체 법을 허공과 같이 관찰하면 모든 것이 허공과 같아서 아예 생멸이 없다. 불법을 수행하는 보살의 얻은 바 또한 이와 같다.

자 주 여 공 법　　부 위 중 생 설
自住如空法하고　　**復爲衆生說**하야

항 복 일 체 마　　개 사 인 방 편
降伏一切魔가　　**皆斯忍方便**이로다

스스로 허공과 같은 법에 머물고
다시 중생들에게 설하여 주며
모든 마군을 항복시키나니
모두가 이 인忍의 방편이로다.

허공과 같은 지혜를 얻어서 스스로 허공과 같은 법에 머물고 그 이치와 같이 중생들에게 설하여 주어 일체 법이 허공과 같음을 깨닫게 한다. 이와 같이 일체 법을 아는 것이 곧 마군을 항복받는 일이다.

세 간 상 차 별　　개 공 무 유 상
世間相差別이　　**皆空無有相**하니

입 어 무 상 처　　제 상 실 평 등
入於無相處하면　　**諸相悉平等**이로다

세간의 현상들은 차별하지만
모두가 공_空하여 형상이 없고
형상 없는 데 들어만 가면
모든 현상들이 다 평등하리라.

우리가 보고 듣고 감지하는 세상의 모든 현상은 천차만
별하지만 허공과 같은 지혜의 인으로 보면 어느 것도 실재
하는 것이 없다. 이와 같은 이치에 들어가면 모든 차별한 현
상은 하나같이 평등하여 공할 뿐이다.

유 이 일 방 편
唯以一方便으로　　**普入衆世間**하니
보 입 중 세 간

위 지 삼 세 법
謂知三世法이　　**悉等虛空性**이로다
실 등 허 공 성

오직 한 가지 방편으로
모든 세간에 널리 들어가나니
세 세상 법을 안다 하지만
모두가 다 허공의 성품과 같도다.

허공과 같은 인이라는 오직 한 가지 방편으로 일체 모든 세간에 들어가면 과거 현재 미래의 일체 법이 모두 허공의 성품과 같다.

지혜여음성　　　　급이보살신
智慧與音聲과　**及以菩薩身**이

기성여허공　　　　일체개적멸
其性如虛空하야　**一切皆寂滅**이로다

지혜이거나 음성이거나

보살의 몸까지도

그 성품이 허공과 같아

일체 모두가 다 적멸이로다.

일체 법을 허공과 같은 인으로 관찰하면 지혜라는 것이나 설법하는 음성이나 심지어 보살의 몸까지도 그 성품이 허공과 같아서 일체가 다 적멸하다.

11) 모든 인忍을 찬탄하여 맺다

여 시 십 종 인
如是十種忍이

불 자 소 수 행
佛子所修行이라

기 심 선 안 주
其心善安住하야

광 위 중 생 설
廣爲衆生說이로다

이와 같은 열 가지 인忍을

불자들이 닦아 행하는 바라

그 마음 매우 편안히 머물러

널리 중생들을 위하여 연설하도다.

앞에서 설명한 열 가지 인을 보살이 잘 수행하여 그 열 가지 인에 편안히 머물면 널리 중생을 위하여 법을 설할 수 있다. 다만 허망한 데 치우치지 않으면서 중도적 이치로 귀결시키면 훌륭한 방편이 된다. 불교의 수많은 교화방편 중에서 매우 우수한 방편이리라.

어 차 선 수 학
於此善修學하면

성 취 광 대 력
成就廣大力과

법 력 급 지 력　　　위 보 리 방 편
法力及智力하야　　**爲菩提方便**이로다

이것을 잘 닦아 배우면

광대한 힘을 이루게 되며

법의 힘과 지혜의 힘으로

보리의 방편을 얻게 되도다.

이 열 가지 인을 잘 닦아 배우면 큰 힘을 얻게 된다. 또한 법의 힘과 지혜의 힘을 얻어서 깨달음의 훌륭한 방편으로 삼으리라.

통 달 차 인 문　　　성 취 무 애 지
通達此忍門하면　　**成就無礙智**하야

초 과 일 체 중　　　전 어 무 상 륜
超過一切衆하야　　**轉於無上輪**이로다

이러한 인의 문을 통달한다면

걸림 없는 지혜를 성취한 뒤에

모든 무리를 뛰어넘어서

가장 높은 법륜을 굴리리로다.

열 가지 지혜의 인을 통달하면 세상의 어떤 것에도 걸림이 없게 된다. 세상의 어떤 주의 주장을 펴는 무리라 하더라도 이길 수 없을 것이며 세상에서 가장 높은 법륜을 굴리게 될 것이다.

소 수 광 대 행
所修廣大行이

기 량 불 가 득
其量不可得이니

조 어 사 지 해
調御師智海로

내 능 분 별 지
乃能分別知로다

닦아 이룬 광대한 행은
그 양을 짐작하지 못하니
부처님의 지혜 바다라야
분별하여 알 수 있도다.

이 열 가지 지혜의 인을 성취하면 그 양을 헤아릴 수 없어서 오직 부처님의 지혜 바다라야 능히 분별할 수 있을 것이다.

사 아 이 수 행
捨我而修行하야

입 어 심 법 성
入於深法性하고

심 상 주 정 법
心常住淨法하야

이 시 시 군 생
以是施群生이로다

나를 버리고 행을 닦아서

깊은 법의 성품에 들어간다면

마음이 항상 청정한 법에 머물러

이로써 중생에게 보시하리라.

이 열 가지 인을 성취하면 나를 버리게 된다. 나를 버린
상태에서 수행하여 깊은 법의 성품에 들어가게 된다. 그는
마음이 항상 청정한 법에 머물러 이 열 가지 인의 법으로써
중생에게 보시하게 된다. 보시 중에 아주 뛰어나고 값진 보
시가 될 것이다.

중 생 급 찰 진
衆生及刹塵은

상 가 지 기 수
尙可知其數어니와

보 살 제 공 덕
菩薩諸功德은

무 능 탁 기 한
無能度其限이로다

중생들이나 세계의 작은 먼지는

그 수효 오히려 안다 하여도

보살이 가진 모든 공덕은

그 한계를 능히 헤아릴 수 없도다.

아주 뛰어난 능력이 있어서 중생들의 수효를 다 알고 세계의 작은 먼지를 다 헤아려 안다 하더라도 보살의 열 가지 인을 성취한 그 공덕은 결코 헤아려 알 수 없을 것이다.

보 살 능 성 취
菩薩能成就

여 시 십 종 인
如是十種忍하면

지 혜 급 소 행
智慧及所行을

중 생 막 능 측
衆生莫能測이로다

보살이 이와 같은

열 가지 인을 이루었으니

그의 지혜와 행하는 일을

중생으로서는 측량하지 못하도다.

보살이 성취한 이와 같은 열 가지 인의 지혜와 수행을 어찌 중생이 측량할 수 있겠는가. 생멸이 없다는 인이나, 환술과 같은 인이나, 아지랑이와 같은 인이나, 꿈과 같은 인이나, 메아리와 같은 인이나, 그림자와 같은 인이나, 허깨비와 같은 인이나, 허공과 같은 인이나 모두 우리가 보고 듣고 누리며 사는 이 현실 일체가 실체가 없는 헛것이고 착각이라는 것을 깨닫게 하는 진리이기 때문에 현실에 눈이 어두운 어리석은 중생들이 어찌 알 수 있겠는가. 이 열 가지 인을 성취한 공덕이야말로 허공과 같이 무한하리라.

십인품 끝

〈제44권 끝〉

華嚴經 構成表

分次	周次			内容	品數	會
舉果勸樂生信分 (信)	所信因果周			如來依正	世主妙嚴品 第一 如來現相品 第二 普賢三昧品 第三 世界成就品 第四 華藏世界品 第五 毘盧遮那品 第六	初
修因契果生解分 (解)	差別因果周	差別因	十信		如來名號品 第七 四聖諦品 第八 光明覺品 第九 菩薩問明品 第十 淨行品 第十一 賢首品 第十二	二
			十住		昇須彌山頂品 第十三 須彌頂上偈讚品 第十四 十住品 第十五 梵行品 第十六 初發心功德品 第十七 明法品 第十八	三
			十行		昇夜摩天宮品 第十九 夜摩天宮偈讚品 第二十 十行品 第二十一 十無盡藏品 第二十二	四
			十廻向		昇兜率天宮品 第二十三 兜率宮中偈讚品 第二十四 十廻向品 第二十五	五
			十地		十地品 第二十六	六
			等覺		十定品 第二十七 十通品 第二十八 十忍品 第二十九 阿僧祇品 第三十 如來壽量品 第三十一 菩薩住處品 第三十二	七
		差別果	妙覺		佛不思議法品 第三十三 如來十身相海品 第三十四 如來隨好光明功德品 第三十五	
	平等因果周	平等因			普賢行品 第三十六	
		平等果			如來出現品 第三十七	
托法進修成行分 (行)	成行因果周			二千行門	離世間品 第三十八	八
依人證入成德分 (證)	證入因果周			證果法門	入法界品 第三十九	九

（資料：文殊經典研究會）

會場	放光別	會主	入定別	說法別舉
菩提場	遮那放齒光眉間光	普賢菩薩爲會主	入毘盧藏身三昧	如來依正法
普光明殿	世尊放兩足輪光	文殊菩薩爲會主	此會不入定，信未入位故	十信法
忉利天宮	世尊放兩足指光	法慧菩薩爲會主	入無量方便三昧	十住法門
夜摩天宮	如來放兩足趺光	功德林菩薩爲會主	入菩薩善思惟三昧	十行法門
兜率天宮	如來放兩膝輪光	金剛幢菩薩爲會主	入菩薩智光三昧	十廻向法門
他化天宮	如來放眉間毫相光	金剛藏菩薩爲會主	入菩薩大智慧光明三昧	十地法門
會普光明殿	如來放眉間口光	如來爲會主	入刹那際三昧	等妙覺法門
會普光明殿	此會佛不放光，表行依解法依解光故	普賢菩薩爲會主	入佛華莊嚴三昧	二千行門
祇陀園林	放眉間白毫光	如來善友爲會主	入獅子頻申三昧	果法門

如天 無比

1943년 영덕에서 출생하였다. 1958년 출가하여 덕흥사, 불국사, 범어사를 거쳐 1964년 해인사 강원을 졸업하고 동국역경연수원에서 수학하였다. 10여 년 선원생활을 하고 1976년 탄허스님에게 화엄경을 수학하고 전법, 이후 통도사 강주, 범어사 강주, 은해사 승가대학원장, 대한불교조계종 교육원장, 동국역경원장, 동화사 한문불전승가대학 학원장 등을 역임하였다.

현재 부산 문수선원 문수경전연구회에서 150여 명의 스님과 250여 명의 재가 신도들에게 화엄경을 강의하고 있다. 또한 다음 카페 '염화실 (http://cafe.daum.net/yumhwasil)'을 통해 '모든 사람을 부처님으로 받들어 섬김으로써 이 땅에 평화와 행복을 가져오게 한다.'는 인불사상(人佛思想)을 펼치고 있다.

저서로『법화경 법문』,『신금강경 강의』,『직지 강설』(전 2권),『법화경 강의』(전 2권),『신심명 강의』,『임제록 강설』, 『대승찬 강설』,『유마경 강설』,『당신은 부처님』,『사람이 부처님이다』,『이것이 간화선이다』,『무비 스님과 함께하는 불교공부』,『무비 스님의 증도가 강의』,『일곱 번의 작별인사』, 무비 스님이 가려 뽑은 명구 100선 시리즈(전 4권) 등이 있고 편찬하고 번역한 책으로『화엄경(한글)』(전 10권),『화엄경(한문)』(전 4권),『금강경 오가해』등이 있다.

대방광불화엄경 강설 제44권

| 초판 1쇄 발행_ 2016년 8월 10일
| 초판 2쇄 발행_ 2018년 3월 21일

| 지은이_ 여천 무비(如天 無比)
| 펴낸이_ 오세룡
| 편집_ 박성화 손미숙 정선경 이연희
| 기획_ 최은영
| 디자인_ 고혜정 김효선 장혜정
| 홍보 마케팅_ 이주하
| 펴낸곳_ 담앤북스
　　　서울특별시 종로구 사직로8길 34 (내수동) 경희궁의 아침 3단지 926호
　　　대표전화 02)765-1251 전송 02)764-1251 전자우편 damnbooks@hanmail.net
　　　출판등록 제300-2011-115호
| ISBN　979-11-87362-19-7　04220

정가 14,000원

普賢說法